公認 アスレティックトレーナー
専門科目テキスト

＋ワークブック

アスレティック リハビリテーション

文光堂

編集・執筆者一覧

編　集

小林　寛和　（日本福祉大学）

執　筆（掲載順）

小林　寛和　（日本福祉大学）

宮下　浩二　（中部大学）

佃　　文子　（びわこ成蹊スポーツ大学）

伊藤　浩充　（甲南女子大学）

八木　茂典　（東京医科歯科大学）

小粥　智浩　（流通経済大学）

執筆協力

佐伯　秀幸　（愛媛十全医療学院）

神鳥　亮太　（三菱名古屋病院）

吉田　昌平　（京都地域医療学際研究所附属病院）

日本スポーツ協会のスポーツ指導者資格の詳細については，日本スポーツ協会ホームページをご参照ください．

https://www.japan-sports.or.jp/coach/index.html

発行に寄せて

このワークブックは，公益財団法人日本スポーツ協会公認アスレティックトレーナーの資格取得を目指す皆さんが，アスレティックトレーナーとして備えるべき知識を習得するための教材として，自宅学習の充実を図るために作成したものです．

アスレティックトレーナーとして必要とされる知識や技能は広い分野に及ぶため，限られた講習時間ですべてを身につけることは困難であり，自宅学習が必要不可欠です．

そこで，このワークブックではテキストをもとにして各自でその内容について理解を深められるよう，テスト形式で構成していますので，テキストと併せて繰り返し学習することができます．ぜひ有効にご活用ください．

競技者のパフォーマンスを高めるためのサポーターとして，主に競技特性に応じた技術面を担当するコーチ，そして医療を担当するスポーツドクターとともに，コンディショニングの専門家としてのアスレティックトレーナーに対する期待はますます高まってきています．

そしてアスレティックトレーナーには，競技者を中心にコーチ，スポーツドクターや他のスタッフとの調整役も求められ，コミュニケーションスキルも必要となります．この意味で知識，技能を習得することはもとより，さまざまな役割を担う多くの関係者から信頼されるようヒューマニティを磨く努力を怠らないでください．自身と誇りを持って使命を全うするアスレティックトレーナーが多数誕生し，活躍してくれることを期待しております．

公益財団法人日本スポーツ協会　指導者育成専門委員会
アスレティックトレーナー部会長　河野一郎

このワークブックは，専門科目テキスト第１巻の「アスレティックトレーナーの役割」と第９巻の「スポーツと栄養」を除いて，基本的にテキストに対応した形で分冊になっています．ただし，第２巻の「運動器の解剖と機能」と第３巻の「スポーツ外傷・障害の基礎知識」は併せて１分冊に，またテキストのない「スポーツ科学」についてはワークブックを作成し，自宅学習を補助するための原稿を新たに書き起こして掲載しています．

序　文

アスレティックリハビリテーションは，アスレティックトレーナーにとってたいへん重要な業務の1つになります．

本書は，公益財団法人日本スポーツ協会公認『アスレティックトレーナー専門科目テキスト』第7巻「アスレティックリハビリテーション」の内容に対する理解を深めてもらえるように作成したものです．

「A．アスレティックリハビリテーションの考え方」では，アスレティックリハビリテーション（アスリハ）の定義，概要を理解します．また，アスリハに不可欠な機能評価の考え方と，リスク管理の基礎知識についても学習します．

「B．運動療法（アスリハにおけるエクササイズ）の基礎知識」では，アスリハで用いる手法の根幹ともなるべき各種エクササイズの意義と注意，エクササイズの考え方，評価結果の用い方，プログラミングの方法について学習します．

「C．物理療法と補装具の使用に関する基礎知識」では，物理療法については，その概論と各種療法の生理学的効果，目的，実施方法，適応と禁忌，スポーツ現場で実施する際の留意点を整理します．また，鍼，灸，マッサージの有効利用方法も学習します．補装具については，その概論で使用目的，適応と禁忌を，各論で各種装具，足底挿板に関する内容を学習します．

「D～F．外傷ごとのリスク管理に基づいたリハビリテーションプログラミングと実践」では，アスリハの適応となる体幹，上肢，下肢の代表的疾患を取り上げて，医学的情報の収集，評価，リスク管理，スポーツ動作開始前・後のリハビリテーション内容，スポーツ動作における注意点，競技種目特性への配慮，スポーツ復帰の目安，という項目を設定し，知識の整理をします．いずれもアスリハの進行には不可欠な事柄です．

「G．競技種目特性に基づいたリハビリテーションプログラミング」では，競技種目ごとの動作からみた競技特性（動作特性）と体力からみた競技特性（体力特性）について，各競技種目における代表的な外傷発生機転，スポーツ復帰のための機能的・体力的到達目標，リハビリテーションプログラミングの要点を整理します．

問題の形式は，穴埋め（STEP 1），論述（STEP 2），実技（STEP 3），フローチャート（STEP 4）の4形式を設けており，知識の整理や，理解の促進に活用できる構成と内容になっているものと思います．

本書を，皆様の自主学習の進行に，役立てていただくことができれば幸いです．

小林寛和

目　次

A. アスレティックリハビリテーションの考え方

B. 運動療法（アスレティックリハビリテーションにおけるエクササイズ）の基礎知識

C. 物理療法と補装具の使用に関する基礎知識

D. 外傷ごとのリスク管理に基づいたリハビリテーションプログラミングと実践 ―体幹―

E. 外傷ごとのリスク管理に基づいたリハビリテーションプログラミングと実践 —上肢—

F. 外傷ごとのリスク管理に基づいたリハビリテーションプログラミングと実践 —下肢—

G. 競技種目特性に基づいたリハビリテーションプログラミング

・各設問末尾のページ番号は，設問に関する記述が掲載されている日本スポーツ協会公認アスレティックトレーナー専門科目テキストの該当ページ（本書の場合は，7巻 アスレティックリハビリテーションの該当ページ）を示します．

ただし，❸，❺などの付いているページ番号は，7巻以外の巻の該当ページを示しており，❸は「3巻 スポーツ外傷・障害の基礎知識」の該当ページ，❺は「5巻 検査・測定と評価」の該当ページとなります．

A アスレティックリハビリテーションの考え方

1 アスレティックリハビリテーションの定義

STEP 1

問 1

アスレティックリハビリテーションの定義について，以下の ＿＿＿＿＿ に適切な語句を記入してみましょう．▶ p.2-9

1．アスレティックリハビリテーションは，単に ＿＿＿＿＿＿＿ のためだけではなく，レクリエーションや健康維持なども目的に含めて，広義の意味でのスポーツ全体を示したスポーツリハビリテーションと理解すべきである．

2. リハビリテーションでは，より完全な回復が望まれる一方で，より ＿＿＿＿＿ 的で，より ＿＿＿＿＿ 性が高いことが望まれる．

3. 性急に復帰を急ぐと ＿＿＿＿＿＿＿＿＿＿＿＿＿＿ になったり，＿＿＿＿＿＿＿＿＿＿＿＿ を引き起こしたりすることもある．

STEP 2

問 1

スポーツ外傷・障害の発生要因について，個体要因，環境要因，トレーニング要因に分け，項目をあげて，それぞれについて説明してみましょう．▶ p.8

個体要因

-
-
-
-

環境要因

-
-
-

トレーニング要因

-
-
-

など

2 アスレティックリハビリテーションの概要

STEP 1

問 1

アスレティックリハビリテーションの概要について，以下の ＿＿＿＿＿ に適切な語句を記入してみましょう．▶ p.10-14

1. アスレティックリハビリテーションはスポーツ外傷，外傷後遺症，疾患などによってスポーツ活動を休止または制約されているものを，より ＿＿＿＿＿ に，より良い ＿＿＿＿＿＿＿ で復帰させるために行われる．

2. アスレティックリハビリテーションの進行に関する競技種目特性への理解として重要となるのは，プレイと ＿＿＿＿＿ の理解，外傷 ＿＿＿＿＿＿＿ の理解，競技のルールなどの理解である．

STEP 2

問 1

アスレティックリハビリテーション実施上の留意点について，説明してみましょう．▶ p.11-12

-
-
-
-
-
-
-

など

3 機能評価の考え方

STEP 1

問 1

機能評価の考え方について，以下の ＿＿＿＿＿ に適切な語句を入れてみましょう．▶ p.15

1. アスレティックリハビリテーションの開始にあたって，以下の項目に関する情報を得る．
   ①発生機転・発生 ＿＿＿＿＿＿＿ の限定，特定
   ②主訴となるスポーツ ＿＿＿＿＿＿＿＿＿＿＿＿
   ③ ＿＿＿＿＿＿＿ ・到達レベルの目標設定

2. 評価の項目として，検査・測定・テストや，スポーツ ＿＿＿＿＿＿＿ の観察・分析，および体力・＿＿＿＿＿ 能力・身体組成などの情報が重要となる．

4 リスク管理の基礎知識

STEP 1

問 1

リスク管理の基礎知識について，以下の ＿＿＿＿＿ に適切な語句を入れてみましょう．
▶ p.16-17

1. アスレティックリハビリテーションにおけるリスク管理では対象者の身体の現状や，アスレティックリハビリテーションの施行内容のみでなく，実施 ＿＿＿＿＿ や 使用 ＿＿＿＿＿ にも注意を払う必要がある．

B 運動療法（アスレティックリハビリテーションにおけるエクササイズ）の基礎知識

1 アスレティックリハビリテーションにおけるエクササイズの目的

STEP 1

問 1 アスレティックリハビリテーションにおけるエクササイズの目的について，以下の ＿＿＿＿ に適切な語句を記入してみましょう．▶ p.18

1. アスレティックリハビリテーションで運動療法として施行されるエクササイズは，外傷部位や周辺部位の ＿＿＿＿＿＿ を目的とした局所的なものと，全身状態や ＿＿＿＿＿＿＿＿ の維持・向上などを目的とした全身的なものに大別される．

2. エクササイズを実施するにあたっては，その ＿＿＿＿ と ＿＿＿＿ について知っておく必要がある．

2 筋力回復，筋力増強エクササイズの基礎知識

STEP 1

問 1 筋力回復，筋力増強エクササイズの基礎知識について，以下の ＿＿＿＿ に適切な語句を入れてみましょう．▶ p.19-32

1. 筋力エクササイズの目的は ＿＿＿＿ を増強させて競技力向上につなげたり，外傷などによって ＿＿＿＿ した筋を回復させたりすることなどがある．

2. 筋力エクササイズが禁止される場合として，＿＿＿＿，＿＿＿＿ などの炎症症状や，骨折などの部位がある場合などがあげられる．

3. 筋力の向上には ＿＿＿＿＿＿＿＿＿＿ の原則に従ったプログラミングが必要となる．

STEP 2

問 1 単関節運動と多関節同時運動について，比較しながら説明してみましょう．▶ p.25

単関節運動

-
-
-
-
-
-
-

多関節同時運動

・
・
・
・
・

3 関節可動域回復，拡大のエクササイズの基礎知識

STEP 1

問 1

関節可動域回復，拡大のエクササイズの基礎知識について，以下の ＿＿＿＿ に適切な語句を入れてみましょう．▶ p.33-39

1. 関節可動域制限の原因には，＿＿＿・＿＿＿＿＿＿・＿＿＿＿・＿＿＿＿・骨などの問題がある．

2. 関節可動域回復・拡大エクササイズの前に実施すべき検査としては ＿＿＿＿＿＿＿ 検査，関節弛緩性検査，関節軸に関する検査がある．

3. 関節運動軸に異常がある場合，骨軟骨組織の ＿＿＿＿ または ＿＿＿＿＿＿＿＿＿＿ が生じることや筋・腱などの＿＿＿＿ 組織が過剰に伸張されていることがある．

4. ストレッチングは，＿＿＿＿ 運動によるものと ＿＿＿＿ 運動によるものに大別される．

STEP 2

問 1

自動運動によるストレッチの代表的な方法を 5 つあげ，それぞれの特徴を簡単に説明してみましょう．▶ p.35-36

・　　： ：

・　　： ：

・　　： ：

・　　： ：

・　　　　　　　　　　　　　　　　　：

4 神経筋協調性回復，向上エクササイズ

STEP 1

問 1

神経筋協調性回復，向上エクササイズについて，以下の ______ に適切な語句を入れてみましょう．▶ p.40-47

1. 神経筋協調性エクササイズのプログラミングは，全荷重と ______ 荷重のコントロール，単関節運動と ______ 関節運動のコントロール，運動 ______ のコントロール，______ のコントロール，______ を崩す動作のコントロール，静的安定性から ______ 安定性への発展，疲労の影響，などについて考慮して作成する．

5 全身持久力回復，向上エクササイズ

STEP 1

問 1

全身持久力回復，向上エクササイズについて，以下の ______ に適切な語句を入れてみましょう．▶ p.48-52

1. 全身持久力のエクササイズを行う一番の意義は ______ の維持，増大である．ただし，競技種目によってはAT・LTなどの ______ に表されるような乳酸に着目した持久性を求める種目もある．

2. 持久力，酸素摂取能力向上のために行うトレーニングの3要素は強度，______，______ である．

6 身体組成の管理に用いるエクササイズ

STEP 1

問 1

身体組成の管理に用いるエクササイズについて，以下の ______ に適切な語句を記入してみましょう．▶ p.53-56

1. 身体組成は一般的に脂肪と ______ に分ける．

2. 運動量が制限されがちなリハビリテーション期間ではエネルギー摂取量がエネルギー ________ をオーバーし，脂肪量が増える傾向にある．

3. 身体組成を管理するうえで重要なことは食事と ________ のバランスである．

4. エアロバイクを用いた運動などでみられる大量の ________ による体重の減少は，一時的な体内の ________ 減少であり，________ 量の減少とは異なる．

STEP 2

問 1

体脂肪の増加を防ぐためのエクササイズをプログラミングするにあたって考慮すべきことを簡潔にまとめてみましょう．▶ p.55-56

・

・

・

・

7 再発予防，外傷予防のためのスポーツ動作エクササイズ

STEP 1

問 1

再発予防，外傷予防のためのスポーツ動作エクササイズについて，以下の ________ に適切な語句を記入してみましょう．▶ p.57-62

1. 個別のエクササイズからスポーツ動作エクササイズへの移行で重要なことは，主として単関節運動から ________ 関節運動へ，非荷重位から ________ 位へ，open kinetic chain（OKC）から ________ に，運動の仕組みが変化することである．

2. スポーツ動作エクササイズを施行するには ________ を観察，評価することが非常に重要である．

3. スポーツ動作時にみられる動的アライメントとして，膝が内を向き，つま先が外を向く ________ は外傷発生に関係しやすい．

STEP 2

問 1

ランニング動作を例に，評価からスポーツ動作エクササイズ導入までの過程を簡単に説明してみましょう．▶ p.57-62

C 物理療法と補装具の使用に関する基礎知識

1 物理療法

STEP 1

問 1

物理療法について，以下の ＿＿＿＿ に適切な語句を入れてみましょう． ▶ p.63-68

1. 物理療法の使用においては常に，＿＿＿＿ と ＿＿＿＿ を考慮することが基本となる．

STEP 2

問 1

物理療法の適応を考えるための臨床症状について，その分析に必要な項目を簡単に説明してみましょう． ▶ p.67

•
•
•
•
•
•
•

•
•
•
•
•
•

2 温熱療法

STEP 1

問 1

温熱療法について，以下の ＿＿＿＿ に適切な語句を入れてみましょう． ▶ p.69-71

1. 温熱療法の主な目的は，＿＿＿＿ の促進，＿＿＿＿ の軽減，＿＿＿＿ の軽減，コラーゲン組織の伸展性の改善などがある．

2. 温熱療法は，ホットパックや渦流浴などの ＿＿＿＿ を温めるものと，＿＿＿＿ や極超短波などのような深部を温めるものに大別される．

3. 温熱療法は ＿＿＿＿ 期や ＿＿＿＿ 後には実施すべきではない．また，皮膚疾患や ＿＿＿＿ 部位への使用も禁忌である．

STEP 2

問 1　温熱療法の目的を 3 つあげ，それぞれについて簡単に説明してみましょう． ▶ p.69

・　　　　：

・　　　　：

・　　　　：

3 寒冷療法

STEP 1

問 1　寒冷療法について，以下の ＿＿＿＿ に適切な語句を入れてみましょう． ▶ p.72-77

1. 寒冷療法の主な効果は，代謝の低下，＿＿＿＿＿＿ と ＿＿＿＿＿＿，毛細血管透過性の低下，神経活動低下，筋紡錘活動の低下，組織粘性の増加などである．

2. 寒冷療法では冷やしすぎによる ＿＿＿＿ を生じないように十分な配慮が必要である．

3. 寒冷療法の禁忌としては，先天的な ＿＿＿＿＿＿ や寒冷アレルギー反応などがあげられる．

STEP 2

問 1　外傷後の炎症徴候と寒冷療法の効果の関係について，簡単に説明してみましょう． ▶ p.72-73

4 電気刺激療法

STEP 1

問 1　電気刺激療法について，以下の ______ に適切な語句を入れてみましょう．▶ p.78-79

1. 電気刺激療法の目的は，温・痛覚受容器，運動神経，筋肉，神経筋接合部などを電気刺激し，鎮痛，______ による筋力強化・関節可動域改善などである．

2. 電気刺激療法の禁忌は ______ の上への通電，感染症などの部位への通電などである．

5 超音波療法

STEP 1

問 1　超音波療法について，以下の ______ に適切な語句を入れてみましょう．▶ p.80-84

1. 超音波療法の目的は，筋・腱に起因する関節の ______ 改善，疼痛のコントロールなどがある．

2. 成長期の ______ や，完全癒合していない骨折部位に対する強度の超音波療法は，避けるほうがよい．

6 鍼，灸，マッサージの有効利用方法

STEP 1

問 1　鍼，灸，マッサージの有効利用方法について，以下の ______ に適切な語句を入れてみましょう．▶ p.85-87

1. スポーツ分野においては，鍼，灸，マッサージの目的として，______，筋緊張緩和などがあげられる．

2. 鍼，灸，マッサージの禁忌として ______ 時や ______ 時などがあげられる．

7 補装具の使用目的

STEP 1

問 1

補装具の使用目的について，以下の ______ に適切な語句を入れてみましょう． ▶ p.88–90

1. スポーツで装具を用いる際は，実際の試合の ______ により使用できないものもあり，注意を要する．
2. スポーツで用いる装具は， ______ や ______ に合わない場合，スポーツの妨げや新たな外傷の要因になることもある．

8 装具

STEP 1

問 1

装具について，以下の ______ に適切な語句を入れてみましょう． ▶ p.91–97

1. アスレティックリハビリテーションで使用される装具の目的は，痛みの軽減，組織の保護， ______ の代償または補助である．
2. 装具は使用目的により予防用装具，治療用装具， ______ 用装具に大別される．

STEP 2

問 1

アスレティックリハビリテーションで使用される装具の使用目的を大きく 3 つに分類し，それぞれの特徴について簡単に説明してみましょう． ▶ p.91

- ・
- ・
- ・

9 テーピング

STEP 1

問 1　テーピングについて，以下の ＿＿＿＿＿ に適切な語句を入れてみましょう． ▶ p.97

1．テーピングの目的は，①外傷の予防，② ＿＿＿＿＿＿＿＿ ，③ ＿＿＿＿＿ 予防，に大別される．

10 足底挿板

STEP 1

問 1　足底挿板について，以下の ＿＿＿＿＿ に適切な語句を入れてみましょう． ▶ p.98-102

1．足底挿板は，主に下肢荷重時の ＿＿＿＿＿＿＿＿ 作用に機能している．そのため， ＿＿＿＿＿＿＿＿ の構造や機能を理解する必要がある．

D 外傷ごとのリスク管理に基づいたリハビリテーションプログラミングと実践　―体幹―

1 頚椎捻挫へのアスレティックリハビリテーション

STEP 1

問 1　頚椎捻挫へのアスレティックリハビリテーションについて，以下の ________ に適切な語句を入れてみましょう．▶ p.103-116

1. 上位頚椎の脊柱管内には呼吸などの ________________ 中枢を有する ________ の末端があるため，この部位での損傷は死亡事故に直結する．

2. 中位中枢の脊髄損傷では支配神経以下の不可逆的な ________ をきたし，日常生活においても重篤な障害を残す．

3. このような重大事故はスカイスポーツによる転落やモーター・スピードスポーツによる ________ や ________，水泳の飛び込みによる水底との衝突，格闘技や ________________ スポーツによる頭頚部への強度の衝撃など頭部に急激で非常に大きな外力が加わるスポーツ事故によって発生する．

4. 頚椎捻挫では自律神経の異常を伴ってめまいや嘔吐などが数ヵ月に及んで継続する，いわゆる「________________ 損傷」となることもある．

5. サッカーのヘディングやハイジャンプの着地（マット）など，通常の練習においても頚椎周囲の ________________ に微細な損傷が繰り返されることで徐々に蓄積・拡大して発症に至ると考えられる．

6. 中下位頚椎に，急激な ________ や強い ________ 力，急激な ________ 力などが加わることにより各組織単体，あるいは連鎖的に複合の組織が損傷する．靱帯や筋組織，関節包などは伸張ストレス，椎間板や軟骨組織などは圧迫ストレスによって損傷する．

7. 水泳の飛込みの際，プール底に頭部から激突した場合，ラグビーでスクラムが崩れた場合やラックに ____________________ 状態での突っ込み，柔道やレスリングの投げ技で相手と同時に頭から落ちた場合などで重症事故の報告が多い．

8. 頚椎伸展・回旋損傷をしないためにも，ラグビーの ________________________ は非常に大きな頚椎伸展力が加わるので競技ルール上で厳しく禁止されている．スピアリングはアタックした本人に問題が生じるが，このタックルは相手側の損傷であり責任問題も大きい．その他，飛込みの顔面衝突，レスリング，体操など頚部を伸展する機会の多い競技でみられる．

9. 頚椎の ________ は頚椎捻挫の最も多い受傷機転である．ラグビーやレスリングのタックル時などのように頚部が相手側と挟まり側屈を強制された状態であり，________ による保護が困難であるので予防のためには基礎技術の習熟が重要である．

10. アスレティックリハビリテーションの段階で ＿＿＿＿＿＿＿＿ テストを行うのは，原則として ＿＿＿＿ への参加が可能と判断されている場合であり，損傷部位へ発生機転同様のストレスが加わっても症状が出現しないことを確認する目的である．損傷部位が回復していない段階で行うと ＿＿＿＿＿＿＿＿ をきたしてしまうことがあるので注意しなければならない．

11. 急性期が過ぎ，痛みが軽減してきたら ＿＿＿＿ 運動で可動域の回復を試みる．

12. 筋組織などの損傷では，まず十分な ＿＿＿＿＿ を獲得し，次いで静的，動的筋力の確保へとリハビリテーションを進める．

13. すべての方向の正常な可動域および MMT で正常値に筋力が回復したら ＿＿＿＿ に応じたアスレティックリハビリテーションへと進行する．

14. 頚部の筋力強化は症状が残存している場合は静的筋力強化（＿＿＿＿＿＿＿＿＿＿＿＿＿＿＿＿＿＿＿＿＿＿＿＿）から開始する．十分な筋力が回復すれば頚部を固定する同時収縮トレーニングを開始する．

15. 頚部ならびに全身の静的動的筋力が十分に強化できたら「あたり」動作を開始する．頚部の筋力強化は継続するが，競技特性を考慮しながら行う必要がある．例えばレスリングでは 高度な ＿＿＿＿＿＿ と ＿＿＿＿ が同時に要求されるが，ラグビーやアメリカンフットボールでは高度な頚部の固定と剪断力への対応が要求される．

STEP 2

問 1　頚椎捻挫の際，医療機関を受診させるべき事項について述べてみましょう．

▶ p.105-106

-
-
-
-
-

問 2　頚椎捻挫の発生について，個体要因をあげてみましょう．

▶ p.106

-
-
-
-

問 3

あたり開始前の確認事項 6 項目を説明してみましょう．▶ p.112

-
-
-
-
-
-

問 4

頚椎捻挫をはじめとする頚部の外傷発生について，アスレティックトレーナーの役割を述べてみましょう．▶ p.105-106，115

STEP 3

問 1

右側の胸鎖乳突筋のスパズムが生じた場合，どちら側に斜頚するか確認してみましょう．▶ p.107

問 2

頚部保護のための「チンイン姿勢」，また胸鎖乳突筋が頚部後屈に働いてしまう「チンアップ姿勢」をとり，姿勢の違いについて学習してみましょう．▶ p.112

STEP 4

問 1

症例はラグビーにおけるタックル動作において頚椎捻挫の疑いがある場合の急性期からの対応表です．スポーツフィールドにおける初期対応と，症状別の対応について，フローチャートを完成させてみましょう．

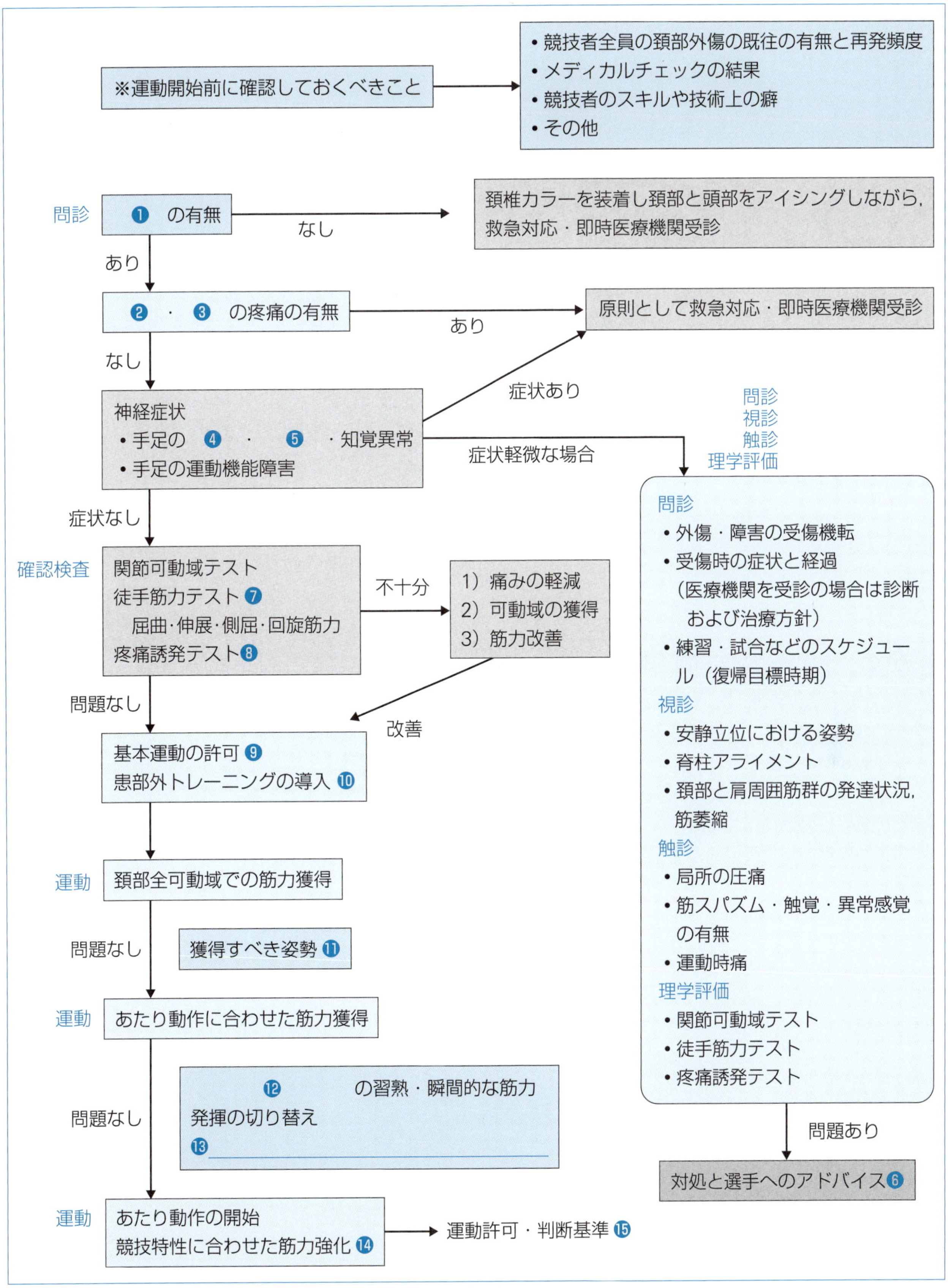

❶〜❺に適切な言葉を入れてみましょう

❶ 　❷

❸ 　❹

❺

❻ではどのように対処し，選手にはどのようにアドバイスをしますか？

・

・

・

❼徒手筋力テストを確認検査で行う場合の注意事項を説明しましょう

❽頚部の疼通誘発テストにはどのようなものがありますか？

・

・

❾頚部の基本運動が許可されたらどのように筋力強化を行いますか？

・

・

❿患部外トレーニングを取り組むときの注意点を説明してみましょう

・

・

⓫コンタクトを想定して獲得すべき頭部の姿勢はどのような姿勢ですか？

⓬，⓭あたり動作を始める前に十分習熟し獲得すべき運動課題を2つあげてみましょう

⓬

⓭

⑭ラグビー競技で求められる筋力を２つあげてみましょう

・
・

⑮運動許可の判断基準をあげてみましょう

・
・
・
・
・

2 腰部疾患へのアスレティックリハビリテーション

STEP 1

問 1

腰部疾患へのアスレティックリハビリテーションについて，以下の ＿＿＿＿ に適切な語句を入れてみましょう． ▶ p.117-132

1. 腰部疾患について医師から得ておくべき情報は，＿＿＿＿＿＿＿＿＿＿＿＿ と，急性期や慢性期，安静や固定を必要とする期間など，＿＿＿＿＿＿＿＿＿＿ に関する事柄である．

2. 腰椎分離症では，分離部の ＿＿＿＿＿＿ や ＿＿＿＿ により椎間孔にて第５神経根が圧迫され，神経学テストで軽度陽性になることがある．

3. 基本的立位姿勢の矢状面において，重心線は乳様突起（耳垂），肩峰，大転子，膝蓋骨の後面，外果の前方を通るのが理想である．また体幹に対する頭部の位置，胸椎の ＿＿＿＿ ，腰椎の前弯などの姿勢を評価することができる．

4. 腰痛の痛みの具体的評価は，＿＿＿＿＿＿＿＿＿＿＿＿＿＿＿ （VAS）を使用すると便利である．

5. 腰痛の原因になる股関節屈筋短縮はトーマステストで，大腿直筋の短縮は大腿伸筋短縮テスト（＿＿＿＿＿＿＿＿＿＿＿＿）で確認する．

6. スポーツ動作では，股関節以外に腰痛に影響する部位の可動性にも注意する．上肢挙上時にその ＿＿＿＿ 制限を代償す ために生じる腰椎の前弯や，肩甲骨周囲筋群の短縮による不良姿勢での胸椎回旋制限代償としての腰椎回旋増強による腰痛，足関節の可動性低下による下腿前傾が不十分な構えの姿勢による腰痛など腰部，股関節周囲筋以外が影響している場合があるので姿勢や動作を観察し，必要と思われる部位の可動域を評価する．

7. スポーツ動作ではその動作に伴った腰椎骨盤リズムが求められる．体幹の伸展時は腹筋群の緊張を維持しながら股関節の伸展を行うことが必要だが，腹筋群の等尺性収縮を行いながら股関節屈筋群の遠心性収縮を行い，骨盤の ＿＿＿＿ を伴った股関節の ＿＿＿＿ 運動 が行えているかなどの確認が必要と思われる．

8. 腰部のアスレティックリハビリテーションには，物理療法・補装具療法，運動療法としてストレッチングと関節可動域訓練，筋力増強運動，＿＿＿＿＿＿＿＿＿＿＿＿＿＿＿＿＿を考慮した筋力増強運動，姿勢調整運動，疼痛発生動作に対する運動がある．

9. 特に筋力増強運動では，＿＿＿＿＿の発生機序を無視した筋力増強運動のみでは期待した効果をあげることは少なく，腰痛の発生機序を十分に考慮し，適切な筋収縮パターンで実施するなど工夫する．また背筋群の筋力は腹筋群とのバランスなどで重要である．

10. スポーツ動作を考慮した筋力増強運動では，スポーツ動作時の腰部の安定を目的に行う場合には，呼吸に関係なく＿＿＿＿＿を高めておく必要があり，下腹部腹筋群の緊張を常に保持できるようにすることが求められる．

11. 股関節周囲の筋力増強と骨盤の安定化を習得させるには＿＿＿＿＿＿＿＿＿＿が効果的である．

12. スポーツ動作を考慮した筋力増強運動で特にコンタクトスポーツでは，コンタクト時の相手の体重や加速に対して堪えるような＿＿＿＿＿の剛性化が行えるようにする．

STEP 2

問 1

腰痛の発生動作について，①屈曲型，②伸展型，③回旋型，④混合型に分類し，それぞれの発生要因についてあげてみましょう． ▶ p.118-119

①屈曲型腰痛

②伸展型腰痛

③回旋型腰痛

④混合型腰痛

問 2

スポーツ動作・種目特性（ランニング動作，ジャンプ動作，バレーボール，ラグビーなど）における腰痛発生機転について述べてみましょう． ▶ p.129-132

・

・

・

・

・

問 3

▶ p.126 ～ 129 図Ⅶ-D-45 ～ 55 の体幹の筋力増強運動について「腹筋の強化運動」「背筋の強化運動」「股関節周囲筋との協調運動」「その他の運動」に分類し，図の番号を記入してみましょう．

腹筋の強化運動

背筋の強化運動

股関節周囲筋との協調運動

その他の運動

問 4

スポーツ動作や種目特性における考慮点のうち着地動作について，腰痛を予防するにはどのようなことが必要か述べてみましょう． ▶ p.129-132

STEP 3

問 1

腰部疾患に関連する姿勢の観察を▶ p.118 ～ 121 を参考に行ってみましょう．

問 2

腰部疾患に対する各種のストレッチングについて，注意事項を参考にして実施してみましょう．
p.123-126

問 3

腰椎伸展型の腰痛発生動作について，▶ p.122 図Ⅶ-D-35，p.130 図Ⅶ-D-58，p.131 図Ⅶ-D-59 を参考にして，腰部以外に起因するスポーツ動作を屈曲型・回旋型についても動作を模擬しながら考えてみましょう．

STEP 4

問 1

対象はアタック動作で，腰痛を生じた男子バレーボール選手で，現在は急性期を過ぎた腰痛（慢性期）です．スポーツフィールドにおける対応と，症状別の対応について，フローチャートを完成させましょう．

問診（情報収集の具体的な項目と収集方法）→

1. 年齢，性別，身長，体重
2. スポーツ種目，ポジション，競技歴，競技レベル，練習時間，練習頻度
3. 既往歴
4. 受傷または発生の状況
5. 主訴（問題となるスポーツ動作）
6. 痛みの出現状況
7. 今後の試合日程，練習や試合に対する競技者の希望
8. その他，チーム状況など

視診，触診

- 姿勢の観察
- 腰痛発生動作の観察
  1）
  2）　❶
  3）
  4）
- 神経症状の有無
  上位腰椎のテスト❷
  下位腰椎でのテスト❸

↓

理学評価

1．屈曲型腰痛
1）疼痛評価（VAS）
- 臥位，座位，立位

2）関節可動域の評価（股関節伸展筋群）
- FFD
- 筋のタイトネス評価❹

2．伸展型腰痛
1）疼痛評価（VAS）
- 臥位，座位，立位

2）関節可動域の評価（股関節屈曲筋群）
- ❺

3）筋力の評価
4）その他
- 下腿の前傾不足など

3．回旋型腰痛
1）疼痛評価（VAS）
- 臥位，座位，立位

2）関節可動域の評価（股関節内外旋筋群，肩甲骨周囲筋群）
3）筋力の評価
4）その他
- 姿勢：円背姿勢の有無

4．混合型腰痛
1）疼痛評価（VAS）
2）関節可動域の評価
3）筋力の評価❻

↓

5．スポーツ動作に必要な関節可動域などの機能的な特徴，筋力の把握

↓

6．物理療法，運動療法
- 物理療法（腰部，臀筋の緊張緩和）
- 運動療法
  1）ストレッチ，関節可動域運動
  2）筋力増強運動 ❼
  3）スポーツ動作を考慮した筋力増強運動 ❽
  4）姿勢調整運動（腰椎骨盤リズムの学習）
  5）疼痛発生動作に対する運動（正確な動作の獲得）

→

7．バレーボールにおける必要動作の獲得
- 構え ❾
- 踏み切り動作 ❿
- アタック ⓫

❶腰痛の発生動作を4つに分類してみましょう	1) 2) 3) 4)
❷，❸の神経根症状を確認するために行うテストをそれぞれあげてみましょう	❷ ❸
❹対象となる筋を2つあげてください	・ ・
❺股関節伸展可動域を評価するテストとその時に評価対象となる筋を2つあげてください	・ ・
❻体幹筋力の評価方法として行うべきテストを説明してみましょう	・ ・ ・
❼体幹筋群の筋力増強運動はどのような運動を行いますか？	・ ・
❽スポーツ動作を考慮した筋力増強運動としてどのような運動を行いますか？	・ ・
❾構えの動作を指導する際の注意点を述べてください	
❿踏み切り動作を指導する際の注意点を述べてください	
⓫アタック動作を指導する際の注意点を述べてください	

E 外傷ごとのリスク管理に基づいたリハビリテーションプログラミングと実践　―上肢―

1 肩関節前方脱臼へのアスレティックリハビリテーション

STEP 1

問 1

肩関節前方脱臼へのアスレティックリハビリテーションについて，以下の ________ に適切な語句を記入してみましょう． ▶ p.133-143

1. 肩関節前方脱臼では，________ 靱帯や前方関節包の剥離・断裂を生じ，________ 損傷（Bankart lesion）や骨損傷（ ________ lesion）が合併することが多い．

2. 肩関節前方脱臼の初回脱臼後，頻回な外力により ________ 肩関節脱臼に移行することも多いため，再発防止を常に念頭におく必要性がある．

3. 肩関節前方脱臼に対する鏡視下 Bankart 法手術後のリスク管理として，術後約 6 週間は，肩関節の過外旋や ________ などを禁止する．

4. 三角筋のトレーニングでは，事前に腱板筋との協調的な筋活動を促すため，ダンベルなどのトレーニングに先だって，上腕の ________ 部に抵抗負荷をかけた運動を実施させる．

5. 肩関節前方脱臼の後療法では，競技復帰までの全期間において，肩関節前面の軟部組織に過度のストレスが生じないように配慮し，特に上腕骨頭の ________ 偏位を助長する肩関節 ________ ，外旋，伸展などの運動方向に細心の注意を払って治療内容を立案する必要がある．

STEP 2

問 1

肩関節前方脱臼の代表的な受傷機転について説明してみましょう． ▶ p.133，328，329，❸ p.49，❺ p.169

問 2

肩関節前方脱臼に伴って損傷される組織について説明してみましょう． ▶ p.133

問 3

肩関節前方脱臼のアスレティックリハビリテーション（コンタクト開始まで）を実施するにあたって，必要となるリスク管理について説明してみましょう．▶ p.135-140

問 4

肩関節前方脱臼のアスレティックリハビリテーション（コンタクト開始以降）を実施するにあたって，必要となるリスク管理について説明してみましょう．▶ p.140-143，329-332

STEP 3

問 1

肩関節前方脱臼の発生に関係するタックル動作について，危険性の高いアームタックルと，「脇を締めた」タックル動作を，それぞれ確認し，動作の違いを体験してみましょう．▶ p.142

⚠体現によって，受傷，発症などの危険がないように注意してください．

STEP 4

問 1

症例は 2 ヵ月前のラグビーの試合中，ディフェンスで相手にタックルした際，肩関節前方脱臼（初回）を受傷したフルバックの選手です．保存療法によるリハビリテーションを継続した後，医師からタックル動作再開の許可が出ました．リスク管理に留意し，タックル動作を開始する際のフローチャートを完成させてみましょう．▶ p.133–143

タックル開始前に確認しておくべきこと

問診　疼痛，不安感など

リスク管理
1. 受傷時の肩関節肢位を確認し，発生機序を確認しておく❶
2. 医師から，損傷の程度や合併損傷などの情報を得ておく

機能評価
1. 肩関節の評価
 • 局所の疼痛の有無
 • 関節不安定性：❷ テストにより前方不安定性および ❸ を検査する
 　❹ 不安定性は Salcus test により検査する
 • 肩関節筋力：肩関節周囲筋群 ❺ ，肩甲骨周囲筋群 ❻ の筋力を検査する
 • 関節可動域：特に ❼ 可動域
 • 姿勢やアライメント：特に ❽ のアライメントの評価
2. その他
 • 肩関節の筋力に影響する ❾ の安定性の検査なども合わせて行う

疼痛や機能低下
なし → タックル動作の開始
あり → 対処と選手へのアドバイス ❿

タックル動作の開始

タックル動作の指導ポイント
1. 矢状面では ⓫ を肩より低い位置に保持し，体幹は前額面では ⓬ しない
2. 上肢は，⓭ 面より肘を前に保つ
3. 肩関節外転，外旋角度の小さい，いわゆる「 ⓮ 」タックルの姿勢

タックルの練習を再開していくうえで，強度や方法を段階的に説明しなさい ⓯
1. の体幹の問題がみられた場合，追加すべき体幹のエクササイズの具体例は？ ⓰
3. で十分に肩関節の肢位を保持できない場合，追加すべきエクササイズの具体例は？ ⓱

❶について，考えられる代表的な発症メカニズムを論述してみましょう

❷～❹について適語を入れてみましょう

❷

❸

❹

❺，❻について代表的な筋の名称を記入してみましょう

❺

❻

❼〜❾について適語を入れてみましょう

❼

❽

❾

❿の場合の対処はどうしますか？

・

・

⓫〜⓮について適語を入れてみましょう

⓫

⓬

⓭

⓮

⓯論述してみましょう

⓰論述してみましょう

⓱論述してみましょう

2 投球障害肩へのアスレティックリハビリテーション

STEP 1

問 1

投球障害肩へのアスレティックリハビリテーションについて，以下の ＿＿＿＿ に適切な語句を記入してみましょう．▶ p.144-153

1. 投球障害肩のリハビリテーションにあたって最も重要な情報は，「どこが，いつ痛いか」であり，診断名をもとに痛みの ＿＿＿＿ 学的部位と痛みが発生する投球の ＿＿＿＿ を詳細に確認しておく必要がある．

2. 投球障害肩における肩峰下の痛みは，後期コッキング期などで，肩関節を外転する際に上腕骨頭と ＿＿＿＿ アーチの間で生じる痛みで，腱板の機能低下により骨頭の制御が不十分となり生じることが多い．

3. 投球障害肩における肩関節前方の痛みは，主に後期コッキング期から加速期にかけて生じやすく，特に肩関節が ＿＿＿＿ 位を呈するときに痛みを訴えることが多い．

4. 投球動作の後期コッキング期から加速期においては，肩関節外旋や水平外転運動に伴って上腕骨は ＿＿＿＿ に偏位する力を受けるため，肩関節の前方部分には ＿＿＿＿ ストレスが，後方部分には ＿＿＿＿ ストレスが生じる．

5. 投球動作のフォロースルー期には肩関節は内旋・水平内転運動が強まり，＿＿＿＿ 筋や三角筋後部線維などの筋群に伸張ストレスが発生する．

6. 野球選手に多く認められる障害としてアライメントに肩甲骨外転位・下方回旋位がある．この状態は後期コッキング期から加速期にかけて肩甲骨 ＿＿＿＿ 運動ができず，肩関節の ＿＿＿＿ が相対的に大きくなってストレスが高まる傾向となる．

7. 投球障害を呈する競技者は肩甲骨の ＿＿＿＿ 運動が制限され，肩甲上腕関節の水平外転運動が強調されることが多いため，肩関節の関節可動域を測定する際に他動的な水平外転角度のみならず，＿＿＿＿ 運動での水平外転時の肩甲骨の動きを観察することがポイントとなる．

8. 投球動作のフォロースルー期には肩関節後部に位置する筋群が ＿＿＿＿ 性収縮により減速動作を制御しているため，疲労が蓄積してその部の伸張性が低下すると肩関節 ＿＿＿＿ 可動域が制限される特徴がある．

9. 肩関節は球関節で構造的に不安定であるため，関節不安定性をきたしやすい部位であり，代表的な検査法として，下方に対しては Sulcus test，前後方向に対しては ＿＿＿＿ test がある．

10. 投球動作は全身の運動連鎖で構成されているため，下肢関節の観察も必要である．例えばステップ脚（右投げの左脚）の股関節屈曲位での内転・＿＿＿＿ 可動域が制限されると，加速期からフォロースルー期にかけての骨盤回旋が制限されて，投球動作に悪影響を及ぼす可能性がある．

11. 大胸筋を伸張（ストレッチ）する際に，肩関節水平外転運動を強調しすぎると，上腕骨頭の ＿＿＿＿＿＿ への偏位を誘導して痛みや不安定性に関する問題が生じる可能性があり，肩関節 ＿＿＿＿＿＿ 運動が加わるとリスクがさらに高くなる.

STEP 2

問 1 投球時に発生する疼痛の発生メカニズムについて説明してみましょう. ▶ p.145-146

肩関節外側部（肩峰下）の痛み

肩関節前部の痛み

肩関節後部の痛み

問 2 投球障害肩へのアスレティックリハビリテーションを行うにあたって必要なリスク管理，機能評価について説明してみましょう. ▶ p.144-151

リスク管理

機能評価

問 3

下肢関節の機能低下が投球動作に及ぼす影響について，また，投球フォームを指導する際の具体的なポイントを説明してみましょう．▶ p.150-153，322-325，❺ p.151-162

下肢関節の機能低下が投球動作に及ぼす影響

投球フォーム指導時のポイント

-
-
-
-
-

など

問 4

投球開始前の腱板のエクササイズを実施する際に注意すべき点をまとめて説明してみましょう．
▶ p.151，❻ p.349

問 5

肩関節周囲筋のストレッチを行う際の注意点，管理すべきリスクについて説明してみましょう．
▶ p.151-152

STEP 3

問 1

投球動作を実際に体験し，肩最大外旋位で肩関節にどのようなストレスが加わるか確認してみましょう．▶ p.145

⚠受傷，発症などの危険がないように注意してください．

STEP 4

問 1

症例は投球障害肩（腱板炎）の診断を受けた高校野球の投手です．1ヵ月前に投球のフォロースルー期に肩関節後部（棘下筋腱）に痛みを生じ，投球ができなくなりました．その後は投球を禁止し，リハビリテーションを行ってきました．患部の炎症症状も消失し，医師から投球再開の許可を受けたので，リスク管理に留意したリハビリテーションを行うことになりましたので，以下のフローチャートを完成させてみましょう．▶ p.144-153，332-325，❺ p.151-162

投球開始前に確認しておくべきこと

問診　局所の疼痛

リスク管理
1. 症状が発生した時の疼痛部位と位相 の関係から，発生メカニズムと投球動作の問題点を予測する❶
2. 上記の投球動作の問題を誘発する可能性のある機能低下を予測する❷

機能評価
1. 肩関節の評価
   - 局所の ❸ の有無 • 肩関節筋力：特に外転や ❹ 筋力低下の有無……収縮時痛の確認
   - 関節可動域：特に ❺ 可動域制限の有無…伸張時時痛の確認
   - 姿勢やアライメント：特に ❻ のアライメントの評価
   - 関節不安定性：特に ❼ 方向の不安定性の検査（load and shift test）
2. 肩関節以外の関節
   - 股関節：関節可動域，特に ❽ 可動域制限の有無，など

疼痛や機能低下
- なし → 投球動作の分析・評価
- あり → 対処と選手へのアドバイス❾

投球動作の分析・評価

投球動作のチェックポイント
1. 加速期からフォロースルー期にかけて，肩関節 ❿ 運動が強まりすぎていないか？
2. フォロースルー期での ⓫ の回旋運動，つまりステップ脚の股関節の ⓬ や ⓭ 運動が十分にできているか？
3. ワインドアップ期に ⓮ 姿勢が安定しているか？

1. の問題がみられた場合，その前の位相となる 2 ～ 4 の問題点との関係について簡単に説明してみましょう ⓯

3. に問題がみられた場合，考えられる関節機能の問題点は？また，その具体的対応策は？ ⓰

❶について，考えられる発症メカニズムを論述してみましょう

....

....

❷予測される機能低下をいくつかあげてみましょう

•
•
•
•

❸〜❽について適語をいれてみましょう

❸	❹
❺	❻
❼	❽

❾疼痛や機能低下の問題がある場合の対処はどうしますか

・

・

❿〜⓮について適語を入れてみましょう

❿	⓫
⓬	⓭
⓮	

⓯論述してみましょう

⓰論述してみましょう

問題点

・

・

・

・

対応策

・

・

・

3 外傷性肘 MCL 損傷へのアスレティックリハビリテーション

STEP 1

問 1

外傷性肘 MCL 損傷へのアスレティックリハビリテーションについて，以下の ＿＿＿＿＿ に適切な語句を記入してみましょう．▶ p.154-160

1. 肘 MCL 損傷は ＿＿＿＿＿ による損傷と，繰り返しの運動による ＿＿＿＿＿ 性の損傷に大別される．

2. 肘 MCL 損傷の場合，特に ＿＿＿＿＿＿ 線維の機能的問題が重視される．

3. 肘関節のアライメントとして，男性で約 10°，女性で約 15° の ＿＿＿＿＿＿＿＿＿＿ と呼ばれる外反角が認められる．

4. 肘関節の運動に関与する筋は肩関節や指・手関節にも作用する ＿＿＿＿＿＿ 筋が多いため，筋力評価を実施する際は，肩関節や指・手関節，前腕の回内外の肢位に配慮する必要がある．

STEP 2

問 1

肘 MCL 損傷の病態について説明してみましょう． ▶ p.154–156，❸ p.59–61

問 2

タックル動作においてどのような点に配慮してアスレティックリハビリテーションを行う必要があるか，説明してみましょう． ▶ p.158–160，330

STEP 3

問 1

他者に，肘関節に軽度の外反ストレスを加えてもらい，その時に加わるストレスを体験してみましょう．また，他者に対して同様に軽度の外反ストレスを加え，その感覚も体験してみましょう．
▶ p.156

⚠体現によって，受傷，発症などの危険がないように注意してください．

4 上腕骨内側・外側上顆炎，非外傷性肘内側側副靱帯損傷

STEP 1

問 1

上腕骨内側・外側上顆炎，非外傷性肘内側側副靱帯損傷について，以下の ＿＿＿＿＿ に適切な語句を記入してみましょう．▶ p.161-171

1. 肘の非外傷性疾患は一般にオーバーユースとして扱われることが多いが，間接的な因子として，用いる ＿＿＿＿＿ の問題も考慮しておく必要がある．

2. 上腕骨内側・外側上顆炎は，上腕骨内側・外側上顆に起始する前腕伸筋・屈筋の損傷や炎症，なかでも ＿＿＿＿＿＿＿ 伸筋の起始部の微細な断裂と炎症・組織化・変性が主な成因と考えられる．

3. 非外傷性の肘関節疾患は肘そのものの機能のほか，＿＿＿＿＿ ・ ＿＿＿＿＿ とのかかわりが強く，それぞれの疾患の要因となっていることが多い．

4. 肩・肘に疼痛を訴える多くの症例で，問題となる動作上（フォーム）のポイントは運動 ＿＿＿＿＿ の肢位であり，その部分の改善により，明らかな症状の改善がはかられることが多い．

STEP 2

問 1

上腕骨内側上顆炎，上腕骨外側上顆炎，非外傷性肘内側側副靱帯損傷について，それぞれ疼痛が発生する動作をまとめて説明してみましょう．▶ p.161-164，❸ p.59-69，❺ p.151-162

上腕骨内側上顆炎

上腕骨外側上顆炎

非外傷性肘内側側副靱帯損傷

問 2

4つの肘関節外側特殊テストについて，それぞれのメカニズムを説明してみましょう．▶ p.165

ストレッチテスト

手関節背屈テスト

中指伸展テスト

肘回外テスト

問 3

運動連鎖の破綻につながる身体機能（下肢，体幹・肩甲胸郭関節，上肢，その他）の問題について，代表的な例を説明してみましょう．▶ p.168

下肢

体幹・肩甲胸郭関節

上肢

その他

STEP 3

問 1

投球動作のワインドアップ期における片脚立位姿勢をとり，その際▶ p.170 図Ⅶ-E-66に示されているような典型的な問題が生じないか確認してみましょう．

5 手関節捻挫

STEP 1

問 1 手関節捻挫について，以下の ＿＿＿＿ に適切な語句を記入してみましょう． ▶ p.172–178

1. 手関節尺側部に疼痛をきたす TFCC 損傷などの疾患の特徴的な所見は，遠位橈尺関節における尺骨の ＿＿＿＿＿＿ であり，機能的には遠位橈尺関節の不安定性が ＿＿＿＿＿＿ 筋および手指屈筋の筋力低下をもたらしさまざまなパフォーマンス低下を招いている．

2. 舟状骨骨折の受傷機転としては，コンタクトスポーツにおける転倒や体操などで起こる強制的な手関節 ＿＿＿＿ によるものが多い．

3. 舟状骨骨折は診断がつきにくく ＿＿＿＿＿ が得られにくい骨折であり，＿＿＿＿ 関節に移行する危険が高いため，疑われる場合は医療機関への早期受診が重要となる．

4. 有鉤骨骨折は，ゴルフクラブやラケット，バットなどの ＿＿＿＿ fracture が原因となることが多い．

5. 手関節の運動は手関節の屈筋群・伸筋群が近位手根列および中手骨に付着するために，狭義の手関節に加えて，手根 ＿＿＿＿ 関節，CM 関節間相互の複雑な運動で構成されている．

6. 手関節の力の伝達に関しては，尺側では ＿＿＿＿ が介在して直接的な骨性伝導ができないため腕立て伏せのような手関節に軸圧がかかる場合は ＿＿＿＿ 関節が優位となって力の伝達が行われる．

STEP 2

問 1 TFCC 損傷の特徴的な病態と疼痛誘発テストについて，説明してみましょう． ▶ p.172–174

病態

…………………………………………
…………………………………………
…………………………………………

疼痛誘発テスト

…………………………………………
…………………………………………

問2

手関節に発生する骨折について，それぞれ代表的な受傷機転を説明してみましょう．また，それぞれ生じやすい圧痛点について説明してみましょう．▶ p.172-178，❸ p.80～82

代表的な受傷機転

・　　　　：

・　　　　：

圧痛点

・　　　　：

・　　　　：

STEP 3

問1

舟状骨骨折の際に，圧痛の好発部位となる anatomical snuff box の位置を触診し，確認してみましょう．▶ p.175

F 外傷ごとのリスク管理に基づいたリハビリテーションプログラミングと実践　―下肢―

1 足関節捻挫へのアスレティックリハビリテーション

STEP 1

問 1

足関節捻挫へのアスレティックリハビリテーションについて，以下の ______ に適切な語句を入れてみましょう．▶ p.179-182

1. 内反捻挫の場合，足関節の ______ に付着する ______ 靱帯，踵腓靱帯の損傷が疑われる．

2. ______ 捻挫の場合は足関節の ______ に付着する三角靱帯の損傷が疑われる．

3. 外側靱帯は ______ 靱帯，______ 靱帯，______ 靱帯から構成される．

4. 足関節を捻挫したスポーツ選手のリハビリテーションを実践する際に，受傷部位とそのときの受傷機転を確認する必要がある．つまり，______ 捻挫か ______ 捻挫かはもちろんのこと，______ 位での捻挫か ______ 位での捻挫かも確認しておく必要がある．

5. 足関節捻挫後のアスレティックリハビリテーションを実施する際に，リスク管理として歩行時や走行時の下肢の動的アライメントに注意する必要がある．つまり，内反捻挫をしやすい人は ______，外反捻挫をしやすい人は ______ の動的アライメントを呈すると再損傷の可能性が高まるので注意を要する．

6. 足関節捻挫直後は，重症度にかかわらず一定期間の患部の ______ が必要である．しかし，______ による関節機能障害として関節可動域制限がある．特に足関節 ______ の可動域制限が問題となりやすい．

7. 足関節の ______ 制限は多くのスポーツ動作で必要とする"構え"の姿勢で ______ の減少をもたらす．

8. 足関節捻挫後のアスレティックリハビリテーションを実施する際にあらかじめ実施しておくべき検査・測定項目は，局所の疼痛や ______，痛みの出現する ______ とその部位，______ の程度，ROM，筋力，静的アライメント，動的アライメントなどである．

問 2

足関節捻挫後のランニング開始前後のリハビリテーションについて，以下の ______ に適切な語句を入れてみましょう．▶ p.182-187

1. ランニング開始までのリハビリテーションとしては，急性期の ______ 処置の時期が過ぎたら，局所の軟部組織の治癒促進をはかるために，______ を促進させることを考える．すなわち，______ や交代浴などの温熱療法を実施する．

2. 関節可動域の回復のために足関節・足部の ______ 運動と他動運動を段階的に徐々に実施していく．また，______ の ______ 運動も前足部の腫脹軽減に重要である．

3. ランニング開始後のリハビリテーションとしては，KBW で動的アライメントのコントロールがしっかり行えていることが大事である．ランニングや減速動作・ストップ動作では ______________ による足関節内反捻挫，______________ による ______________ への二次損傷を発生させないように注意する必要がある．

4. 方向転換動作の練習では，______________ が使われるが，荷重が足部の外側に偏ると足関節 ______________ 捻挫を誘発するので，______________ 荷重が確実にできるように反復練習が必要である．

5. 側方移動動作の練習には，______________ ステップと ______________ ステップの練習をする．______________ ステップでは移動方向側の足を接地するとき，______________ ステップでは足を交差する際の軸足に足関節内反位となることがよくあるので，内反捻挫の再受傷をしないように注意が必要である．

STEP 2

問 1

足関節捻挫後の機能障害では，足関節背屈可動域が低下すると構えの姿勢において，下腿の前傾が困難になります．この場合，足部や膝関節，腰部に生じる機能障害や症状，代表的なスポーツ外傷名を記してみましょう． ▶ p.179-181

knee-in & toe-out を強めた場合

-
-
-
-
-
-

knee-out & toe-in を強めた場合

-
-
-
-

問 2

足関節捻挫後のリハビリテーションでランニングの許可が出るまでは，段階的な荷重と患部の保護をしながら確実な歩行獲得とランニング時に必要な体力の回復をしておくことが重要です．そのために必要なリハビリテーションの内容項目や患部保護の対策をあげてみましょう． ▶ p.182-184

リハビリテーションの内容項目

-
-
-
-

患部保護対策

-
-
-

問 3

KBW とは何の略でしょうか，また，その特徴を書いてみましょう．▶ p.184

KBW ＝ ＿＿＿＿＿＿＿＿＿＿＿＿＿＿＿＿

特徴

-
-
-
-

問 4

足関節内反捻挫後の関節不安定性テストを 2 つあげてみましょう．また施行するに際しての注意点を簡潔に記してみましょう．▶ p.181-182

テスト法

-
-

注意点

-
-
-
-
-

問 5

足関節捻挫後に特に注意，配慮を要する機能障害を 1 つあげてみましょう．また，その機能障害が残存し競技復帰をした際に予測できる二次的な外傷の代表例を 3 つあげてみましょう．
▶ p.179-181

機能障害

-

二次的な外傷

-
-
-

STEP 3

問 1

足関節捻挫後のリハビリテーションにおける非荷重での足部・足関節の筋力トレーニングで，足関節底屈・背屈・内返し・外返しの各運動をセラバンドのようなゴムチューブを用いて体験してみましょう．その際，それぞれの運動において抵抗の位置や方向が最も適切になるように工夫してみましょう．▶ p.184

STEP 4

問 1

症例はバスケットボールの女子選手です．1 対 1 のディフェンス練習中に右後方にクロスステップを行い，右足関節を内反捻挫しました．受傷後，近医に受診し右足関節前距腓靱帯Ⅱ度損傷と診断され保存療法を行いました．一定の期間の固定とその後のメディカルリハビリテーションを行い，不安定性も改善し，可動域や筋力も回復しています．医師からの指示でランニング開始の許可が得られました．ランニング開始前からのリハビリテーションの流れに沿って，以下のフローチャート中の❶～❾について説明をしてみましょう．

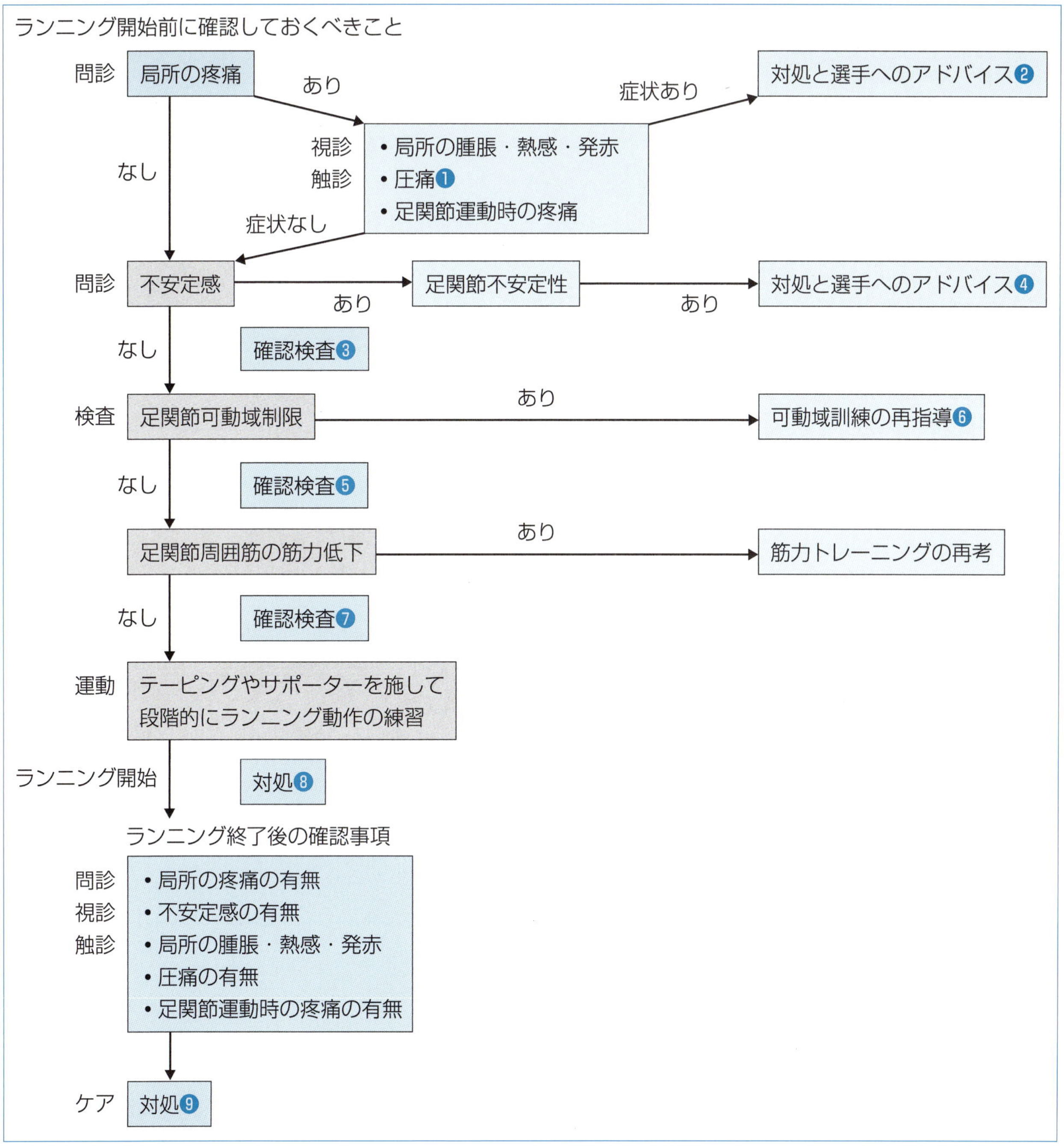

❶足関節の外傷のリハビリテーションにおいても，圧痛をみることが情報収集のうえで非常に有用となります．その理由を簡単に述べてみましょう

❷どのように対処し，選手にはどのようにアドバイスをしますか？

❸足関節内反捻挫に対する不安定性テストをあげてみましょう

❹不安定性があった場合の対処はどうしますか？

❺特に背屈可動域の確認をどのような方法で行いますか？

❻特に背屈可動域制限の原因となりやすい項目を簡単に述べてみましょう

❼一般的な徒手筋力検査法以外にどのようにして足関節周囲筋の筋力を評価しますか？

❽ランニング動作について，段階的に進めていく際の注意点を説明してみましょう

❾運動後の評価およびその対処として，何をすべきですか？

問2

症例はバスケットボールの女子選手です．1対1のディフェンス練習中に右後方にクロスステップを行い，右足関節を内反捻挫しました．受傷後，近医に受診し右足関節前距腓靱帯Ⅱ度損傷と診断され保存療法を行いました．一定の期間の固定とその後のメディカルリハビリテーションを行い，足関節の機能も回復しランニングやダッシュ，コーナー走も疼痛や不安定感もなく行えています．医師からの指示でステップドリルの練習の許可が得られました．バスケットボールに特有の動作であるツイスティング，サイドステップ，クロスステップを練習するにあたり，注意事項などについて以下のフローチャートを完成させてみましょう．

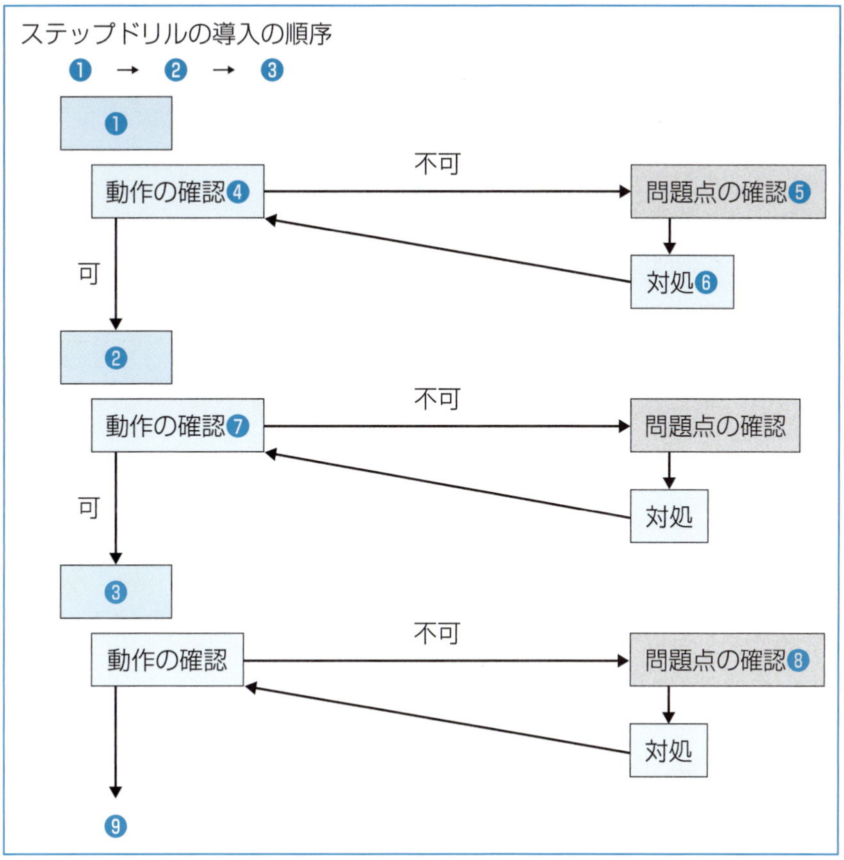

❶❷❸のステップドリルを行う順序を答えてください．またその順序で行うことの理由を簡単に答えてみましょう

順序

❶

↓

❷

↓

❸

理由

❹どのような動作が理想的な動作ですか？

❺特に問題となる動作として予測できるものはどのようなものですか？

- ・
- ・

❻上記の問題点に対する対処法は？

- ・
- ・

❼左右どちらの方向から開始しますか？またその理由を簡単に述べてみましょう

- ・

理由

❽特に問題となる動作として予測できるものはどのようなものですか？

- ・
- ・

❾動作全体の中で，特に注意する必要がある代償動作を簡単に述べてみましょう

2 膝内側側副靱帯損傷へのアスレティックリハビリテーション

STEP 1

問 1

膝内側側副靱帯（MCL）損傷へのアスレティックリハビリテーションについて，以下の ________ に適切な語句を入れてみましょう． ▶ p.188-198

1. MCL 損傷は，アメリカンフットボールやラグビーなどの ____________ スポーツなどで多発する．受傷機転は，膝外側から内方への外力が加わり，膝が ________ 強制されることで MCL に過度の緊張が生じて発生する．MCL 単独損傷の多くは ____________ プレーで生じるのが特徴である．

2. MCL は大腿骨内側上顆より起始し，深層は ____________ と強固に付着し，浅層は鵞足の下方を通り脛骨内側部に付着する靱帯で，膝関節の内側に幅を持ち薄く覆うように走行している．

3. 応急処置として受傷直後は ____________ 処置を行い，急性期（48 ～ 72 時間）はこれを継続する．

4. MCL のアスレティックリハビリテーションを実施するうえで，特に膝 ________ ，下腿 ________ が生じないよう十分なリスク管理を行う必要がある．

5. MCL 損傷は，臨床的に膝 ____________ テストにて損傷の程度を確認する．

6. 治療方法は，MCL 単独損傷の新鮮例のⅠ度およびⅡ度損傷では ________ 療法を選択する．Ⅲ度損傷では保存療法を選択する場合と手術療法を選択する場合がある．

7. MCL 損傷の保存療法における，固定期間はⅠ度損傷の場合は ____ 週間，Ⅱ度損傷では ____ 週間程度である．これは急性期の腫脹や疼痛軽減のためだけでなく，靱帯に緊張を与えずに修復を促すためである．

8. 関節に外傷が生じると ________ ・ ________ ・ ________ ・疼痛などの炎症症状が出現する．炎症は損傷組織が治癒するために必要な生体反応だが，持続すると筋力低下，可動域制限，循環障害などを助長する．

9. 膝 MCL 損傷用のテーピングを施す場合，膝 ________ 制動を目的とした内側 X サポート，縦サポート，下腿 ________ 制動を目的とした内側スパイラルテープを中心に巻き上げる．

10. ステップ動作には ____________ ステップ， ____________ ステップがあるが，患側を軸足にした健側方向へ移動する ____________ ステップは膝外反のリスクが高いが， ____________ ステップは膝内反するため，ステップ動作の段階づけとしては， ____________ ステップから練習させるなどの配慮が必要である．

問 2

膝内側側副靭帯損傷の程度の分類について，以下の表中の ________ に適切な語句を入れてみましょう． ▶ p.188

Ⅰ度損傷	損傷部位に疼痛を認めるが，軽度屈曲位（約 30°），および完全伸展位ともに ________ 不安定性を認めない．end point がしっかりしていて硬い
Ⅱ度損傷	________ 位で外反不安定性を認めるが， ________ 位では不安定性を認めない．end point はあるもの
Ⅲ度損傷	________ 位で外反不安定性が著明で， ________ 位においても不安定性を認める．end point がはっきりしない（soft endpoint）

問 3

靭帯の修復過程の表について，表の ________ に適切な語句を入れてみましょう． ▶ p.190

炎症期	靭帯損傷後 ________ 頃まで
修復期	損傷後 ________ ～数週間で，膠原線維は強度を増して，線維束を形成し始める
改変期	損傷後 ________ 経過すると線維芽細胞や膠原線維の配列が規則正しく正常に近くなってくる

STEP 2

問 1

膝内側側副靭帯損傷への段階的なアスレティックリハビリテーションを実施する際の，以下のエクササイズを実施順に並べてみましょう． ▶ p.191-198

- 片脚一歩前でのスクワット
- 両脚スクワット
- KBW
- フォワードランジ
- ランニング

① ________
↓
② ________
↓
③ ________
↓
④ ________
↓
⑤ ________

問 2

膝内側側副靱帯単独損傷の新鮮例のⅠ度損傷，Ⅱ度損傷では，保存療法が選択されることが多くあります．その理由を述べてみましょう． ▶ p.190

....

STEP 3

問 1

膝 MCL 損傷後の評価として，膝外反不安定性テストを行います．患者の右膝を損傷側下肢として，まず右大腿と右下腿を把持し，左手で膝関節外側より外反ストレスを加えてみましょう．その際，膝伸展位と膝 30° 屈曲位の両肢位でテストしてみましょう． ▶ p.188

問 2

ハムストリングスの筋肉トレーニングの 1 つであるレッグカールをします．選手に腹臥位で膝屈曲させてみましょう．MCL へのリスクを考慮し，膝外反・下腿外旋しないように注意してください．
▶ p.192

問 3

膝 MCL 靱帯損傷後のリハビリテーションでは，ステップドリルを行いますが，そのときのリスクについて確認が必要となります．左足を軸に右方向へサイドステップする際，左膝が外反しやすくなることを感じてみましょう．次に，左足を軸に左方向へクロスオーバーステップする際は，左膝は外反しないことを確かめてみましょう． ▶ p.198

STEP 4

問1

症例は 25 歳の男性，ラグビー選手です．試合中，膝外側よりタックルを受け受傷しました．病院で膝内側側副靱帯損傷（Ⅱ度損傷）の診断を受け，2 週間安静となりました．可及的に全荷重の許可を受け，現在，全荷重歩行は可能です．ランニング開始までのリハビリテーションの流れについて，以下のフローチャートを完成させてみましょう．▶ p.203-208

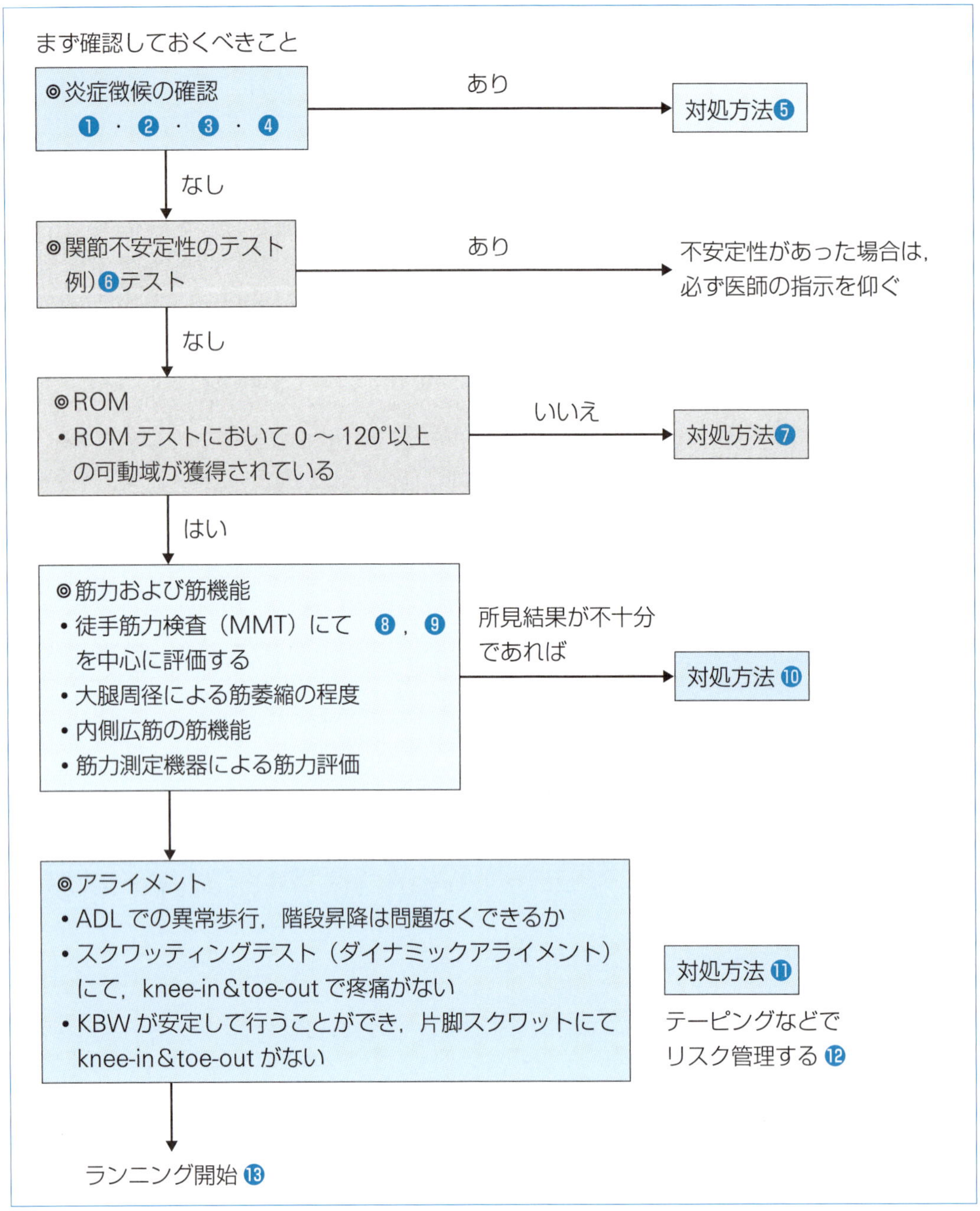

まず確認しておくべきこと
◎炎症徴候の確認
❶・❷・❸・❹
あり
対処方法❺
なし
◎関節不安定性のテスト
例）❻テスト
あり
不安定性があった場合は，必ず医師の指示を仰ぐ
なし
◎ROM
• ROM テストにおいて 0 〜 120°以上の可動域が獲得されている
いいえ
対処方法❼
はい
◎筋力および筋機能
• 徒手筋力検査（MMT）にて ❽，❾ を中心に評価する
• 大腿周径による筋萎縮の程度
• 内側広筋の筋機能
• 筋力測定機器による筋力評価
所見結果が不十分であれば
対処方法❿
◎アライメント
• ADL での異常歩行，階段昇降は問題なくできるか
• スクワッティングテスト（ダイナミックアライメント）にて，knee-in＆toe-out で疼痛がない
• KBW が安定して行うことができ，片脚スクワットにて knee-in＆toe-out がない
対処方法⓫
テーピングなどでリスク管理する⓬
ランニング開始⓭

❶〜❹に適語を入れてみましょう　❶ ＿＿＿　❷ ＿＿＿　❸ ＿＿＿　❹ ＿＿＿

❺どのように対処しますか

❻に適語を入れてみましょう

❼ROM エクササイズを行う際の注意点をあげてみましょう

❽，❾に適語を入れてみましょう

❽	❾

❿筋力エクササイズの例をあげてみましょう

⓫ランニング開始前のリハビリテーションとして，荷重位（CKC）トレーニング例を段階的に示してみましょう

⓬どのようなテーピングをするべきですか

・
・

⓭ランニング後には何を評価すべきですか？

・
・
・
・

3 膝前十字靭帯損傷へのアスレティックリハビリテーション

STEP 1

問 1

膝前十字靭帯（ACL）損傷へのアスレティックリハビリテーションについて，以下の ＿＿＿＿＿ に適切な語句を入れてみましょう．▶ p.200-211

1. 膝 ACL 損傷の受傷機転は，タックルなどで膝に直接的外力が加わる ＿＿＿＿＿＿＿＿ 型損傷と，着地や方向転換などで発生する ＿＿＿＿＿＿＿＿ 型損傷がある．＿＿＿＿＿＿＿＿ 型損傷は，膝外側から内方へ外力が加わり，膝が外反強制されることで受傷する．＿＿＿＿＿＿＿＿ 型損傷は方向転換時に全足底接地で膝が外反したり，また片脚着地時に膝外反あるいは，内反・過伸展などが生じたりすることで受傷する．

2. 新鮮例では関節血症を認め，〔＿＿＿＿＿＿＿＿（ballottement of patella：BOP）〕を認める．日常生活やスポーツ活動中において ＿＿＿＿＿＿＿＿ が生じることがあり，それが起こると腫脹や疼痛が増強し，リハビリテーションが遅延するため，保存療法で経過観察をする場合は，その出現頻度が再建術の適応に影響する．

3. 大腿骨に対する脛骨の前方不安定性を評価する ＿＿＿＿＿＿＿＿＿＿ テスト，＿＿＿＿＿＿＿＿＿＿ テストを行い，前外側回旋不安定性は ＿＿ テスト，pivot sift テストで評価する．＿＿＿＿＿＿＿＿＿＿ テストは膝90°屈曲位で脛骨を前方へ引き出し，＿＿＿＿＿＿＿＿＿＿ テストは膝30°屈曲位で引き出す．＿＿ テストは外反・内旋トルクを加えながら膝を伸展する．

4. 膝ACL再建術には，使用する移植腱そして ＿＿＿＿＿＿＿＿ を用いるBTB法や ＿＿＿＿＿＿＿＿＿＿ を用いるSTG法などがある．移植腱に ＿＿＿＿＿＿＿＿ を用いた場合は，術後早期のレッグカールの実施は，実施を慎重に考慮しなければならない．アスレティックトレーナーは手術に関する情報を得ることで手術方法によるリスクを把握することが大切である．

5. 膝ACLは大腿骨後外側から脛骨前内側に走行し，大腿骨に対する脛骨の ＿＿＿＿ 偏位と ＿＿＿＿＿＿ 回旋不安定性を制御する．＿＿＿＿＿＿＿＿ 筋が収縮すると，膝屈曲45°から膝伸転0°の域では膝ACLに張力が生じ，ハムストリングスの同時収縮によって張力を減少させることができる．膝ACL損傷へのアスレティックリハビリテーションを実施する際は，これらを理解しておくことが重要である．

6. 受傷直後や再建術後早期に大腿四頭筋の徒手筋力検査（MMT）やレッグエクステンションは，リスク管理の観点から望ましくない．MMTを実施する際は，膝 ＿＿ °より屈曲位にてbreak testを用い，抵抗の位置は下腿 ＿＿ 位部で評価する．レッグエクステンションを実施する場合は，下腿 ＿＿ 位に抵抗をかける．等速性膝伸展筋力測定は，一般的に術後 ＿＿ ヵ月以降である．

7. 膝ACL受傷後や再建術後は，大腿筋群が萎縮し，特に ＿＿＿＿＿＿ 筋の機能が著明に低下する．大腿四頭筋セッティングは，大腿後面にクッションをおき，それを押しつぶしながら大腿四頭筋に力を入れる．このエクササイズは，＿＿＿＿＿＿＿＿＿＿＿＿ の収縮により脛骨前方移動を抑制しつつ，＿＿＿＿＿＿ 筋の筋放電が認められるため有効なエクササイズのひとつである．なお，クッションの位置が脛骨側になると，脛骨を前方へ押し出す運動になるため注意が必要である．

8. CKCトレーニングでスクワットする際は，膝が内反・外反しないで，neutralになるようコントロールする．下腿 ＿＿＿＿ が不足し，殿部が後方へ落ちる体勢では，＿＿＿＿＿＿＿＿ 筋が優位に働くため，リスク管理の観点から，十分に下腿 ＿＿＿＿ を意識させる．

9. 膝ACL損傷用のテーピングでは膝 ＿＿＿＿ 制動を目的とした内側Xサポート・縦サポートと，膝伸展時の下腿 ＿＿＿＿ 制動を目的とした内側・外側スパイラルテープを中心に巻く．

10. 靱帯損傷のスポーツ関連動作として，ランニングはゆっくりとしたスピードの直線走から始める．ツイスティングは足先と膝の方向を一致させ．母趾球荷重で ＿＿ 関節の回旋によってピボットする．急激なストップ動作は ＿＿＿＿＿＿＿＿＿＿ 筋の強い収縮を誘発するため，一歩でなく数歩かけて止まる練習をする．跳躍動作は，＿＿＿＿＿＿＿＿＿＿＿＿＿＿ でknee-inの制動が可能になってから開始し，段階的に難易度を増していく．

11. スポーツ復帰における筋力の目安は，健患比 ＿＿ %以上が最低条件で，WBI（weight bearing index）では最低 ＿＿ 以上が必要といわれている．

問2

前十字靭帯再建術後のアスレティックリハビリテーションにおいて，それぞれの段階で実施するエクササイズを以下より選び当てはめてみましょう． ▶ p.200-210

・大腿四頭筋セッティング
・スクワットジャンプ
・ヒップリフト
・ランジ
・固定式自転車

術直後	①
部分荷重許可	②
膝屈曲 120° 獲得	③
全荷重許可	④
片脚スクワットで knee in の制動ができるようになった	⑤

STEP 2

問1

膝 ACL 損傷の関節不安定性テストを 3 つあげてみましょう． ▶ p.202

•
•
•

問2

膝 ACL 損傷の受傷直後や再建術後早期には，大腿四頭筋の徒手筋力検査（MMT）を行うことは望ましくない．その理由を述べてみましょう． ▶ p.202

問3

スクワットの実施において，①下腿を深く前傾させ，股関節を深く屈曲させたスクワットと，②下腿前傾を浅くし，殿部を後方へ落とすように行うスクワットではどのような違いがありますか．膝 ACL 損傷や再建術後にはどちらのスクワットが適切ですか．その理由も含め簡単に述べてみましょう． ▶ p.207

STEP 3

問 1

膝蓋骨の可動性を判別してみましょう．膝蓋骨の上下方向の可動性を左右比べてみてください．健側を 100%としたときに患側を 0，20，40，60，80，100%で評価してみましょう．次に左右方向の可動性を同様に評価してみましょう．▶ p.202

問 2

内側広筋の硬さを判別してみましょう．大腿四頭筋セッティングを行って内側広筋の膨隆を左右で比べてみてください．それぞれ健側を 100%としたときに患側を 0，20，40，60，80，100%で評価してみましょう．次に硬度を同様に評価してみましょう．収縮させたときの膝蓋骨の動きの軌跡も左右を比べてみましょう．▶ p.202

問 3

前方引き出しテストをしてみましょう．患者を背臥位とし，右膝 90° 屈曲位とします．自分の左殿部でパートナーの足部を固定し，脛骨近位を包み込むように把持します．ゆっくりと脛骨を前方へ引き出してみましょう（前方引き出しテスト）．同様に患者の左膝をテストし，左右差を比べてみましょう．ただし，ハムストリングの緊張が強いとわかりにくくなります．▶ p.203

問 4

ラックマンテストをしてみましょう．患者を背臥位とし，左膝を 30° 屈曲位とします．右手で大腿骨を固定し，左手で下腿近位を把持します．前方へ引き出すと（ラックマンテスト），前方移動量と end point を感じるでしょう．正常膝においては，前方移動は固い end point でもって終わりますが，損傷膝では end point は柔らかいか，end point がありません．手でコントロールしようとせず，肘を引くようにまっすぐ前方に引いてみましょう．▶ p.203

問 5

N テストをしてみましょう．実施方法には若干の差異がありますが，ここではテキストをもとに N テストの解説をします．患者の左膝を屈曲位とし，左手で踵部を把持し，荷重（軸圧）をかけます．左手で内旋，右手で外反ストレスをかけつつ母指で腓骨頭を触診しながら，膝伸展させます．正常膝では膝伸展に伴い，下腿の内旋は修正されますが，損傷膝では，脛骨近位外側が前方へ亜脱臼していくのを感じるでしょう．▶ p.203

問 6

KBW（knee bent walk）をしてみましょう．膝を軽度屈曲させ，下腿は十分に前傾させ，足先と膝をまっすぐ前方へ向けます．膝を常に曲げた状態で，腰の高さをなるべく一定としてウォーキングします．踵から着地し，その後，下腿を前傾させながら足底全体に荷重するようにしてください．▶ p.209

STEP 4

問 1

症例は膝前十字靱帯再建術後 4 ヵ月のサッカー選手である．手術方法は自家移植腱として半腱様筋腱・薄筋腱を採取して interference screw で固定する方法である．自覚的疼痛はなく，他覚的な炎症所見も陰性である．膝関節の安定性は良好で，屈曲伸展筋力も健患比にして 80%以上である．医師からランニングの許可を受けたので，ランニングからのリハビリテーションの流れについて以下のフローチャートを完成させてみましょう．▶ p.200-211

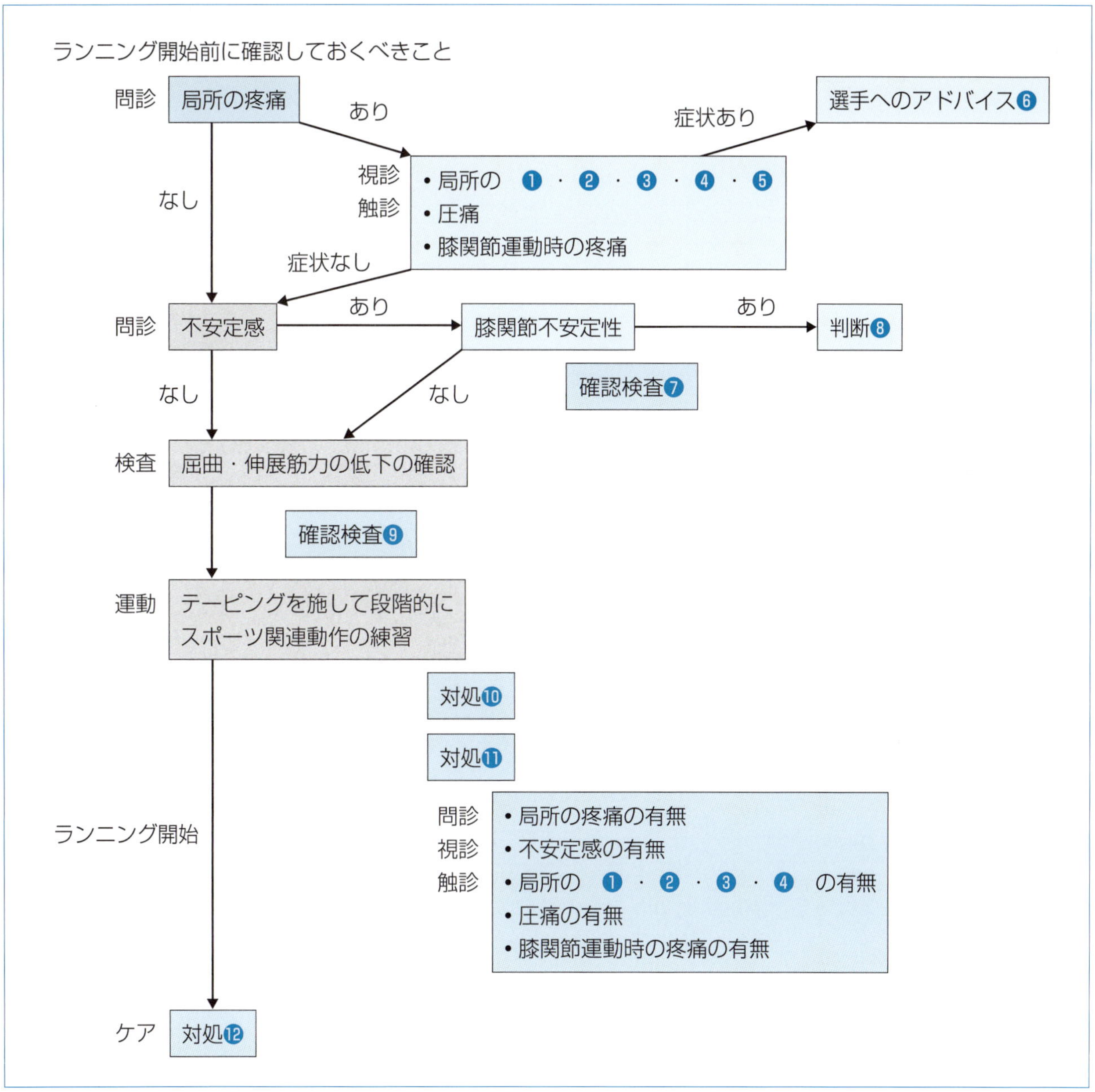

❶～❺に適語を入れてみましょう

❶

❷

❸

❹

❺

❻どのようにアドバイスしますか？

❼自動ROMと他動ROMを確認して，どのようなテストを実施しますか？

❽不安定性があった場合の対処はどうしますか？

❾異常歩行はないか？ 階段昇降は不安なくできるか？ 椅子からの立ち上がりは，片脚でも不安なくできるか？ しゃがみ込み動作は，不安なくできるか？ など，その他にどのような確認が必要ですか？

•

•

•

•

❿標準的なテーピングの方法としてどのように巻きますか？

•

•

⓫スポーツ関連動作について，段階的に進めていく際の注意点を説明してみましょう

•

•

•

•

⓬運動後には何をすべきですか？

•

•

4 大腿屈筋群肉ばなれへのアスレティックリハビリテーション

STEP 1

問 1

大腿屈筋群肉ばなれへのアスレティックリハビリテーションについて，以下の ＿＿＿＿＿ に適切な語句を入れてみましょう．▶ p.212

1. 大腿屈筋群肉ばなれは，＿＿＿＿＿，＿＿＿＿＿＿＿，方向転換動作によって，大腿屈筋群の一部が断裂することをいう．

2. 大腿屈筋群肉ばなれの原因に関しては，さまざまな要因があげられており，① ＿＿＿＿＿＿＿ の欠如，② ＿＿＿＿＿ や筋持久力の低下，③筋の協調性の低下，④練習前の ＿＿＿＿＿＿＿＿＿＿＿＿ 不足，⑤不適切な ＿＿＿＿＿＿＿＿＿＿＿＿ フォーム，⑥不完全なコンディショニングでの競技参加など競技者の内因的要因が原因となり発症することが多いと考えられている．

問 2

大腿屈筋群肉ばなれへのアスレティックリハビリテーションのうちランニングが許可されるまでのリハビリテーションについて，以下の ＿＿＿＿＿ に適切な語句を入れてみましょう．▶ p.215-216

1. ランニングが許可されるまでのリハビリテーションにおけるエクササイズとしては，筋肉の ＿＿＿＿＿＿＿＿＿＿，＿＿＿＿＿＿＿＿＿＿，股関節の動き作り，全身の持久力トレーニング，＿＿＿＿＿＿＿＿＿＿＿＿ があげられる．

2. ハムストリングスのストレッチングを行う際には，まず股関節を屈曲するときには膝関節も ＿＿＿＿＿ 位のままとして，徐々に股関節の ＿＿＿＿＿ を行う．次に膝関節 ＿＿＿＿＿ 位で股関節を屈曲し，最終的には足関節 ＿＿＿＿＿ も追加して実施する．

3. 筋力トレーニングを行う順序は，オープンキネティックチェーンエクササイズを中心に，＿＿＿＿＿＿＿＿＿＿ エクササイズ → ＿＿＿＿＿＿＿＿＿＿ エクササイズ → アイソトニックエクササイズ（＿＿＿＿＿＿＿＿＿＿ エクササイズ → ＿＿＿＿＿＿＿＿＿＿ エクササイズ）へと順次進めていくのが一般的である．

4. ランニングがまだ実施できない間の全身持久力トレーニングは，＿＿＿＿＿＿＿ 低下の防止としてリハビリテーション早期から心がけておくことが重要である．＿＿＿＿＿ に負担をかけないようにするには，＿＿＿＿＿＿＿ やアッパーボディーサイクル，水中ウォーキングなどで全身持久力のトレーニングを実施するとよい．

問 3

大腿屈筋群肉ばなれへのアスレティックリハビリテーションのうちランニングが許可された後のリハビリテーションについて，以下の ______ に適切な語句を記入してみましょう． ▶ p.216-218

1. ランニングエクササイズは，まず ______ のジョギングから始める．スピードは，______ と ______ とで調整しながら徐々に上げていく．

2. 全力疾走の約 ______ %の速度でランニングができるようになれば，カットランニングや ______ ランニングのように方向変換の要素を取り入れていく．ランニングフォームにおいては，地面を後方にけるキック脚が ______ に流れてしまわないように注意する必要がある．

問 4

大腿屈筋群肉ばなれへのアスレティックリハビリテーションのうちランニングが許可された後のリハビリテーションについて，ランニング動作の注意点に関する以下の ______ に適切な語句を入れてみましょう． ▶ p.218

1. ランニングにおける接地のタイミングは，______ の真下が理想とされている．キック後の下腿の巻き込み（______）は，キック後素早く行うことが重要である．つまり，キック後の膝関節の ______ と股関節の ______ とがタイミングよくかつ素早く行われる必要がある．

2. 接地時の足底の部位や足先の方向については，つま先から接地したり，つま先が ______ に向きすぎたままにならないように注意する必要がある．ランニング時の体幹の位置は，上下，前後，左右の動揺を最小限に抑え，やや ______ 位を維持するのが理想的である．

問 5

大腿屈筋群肉ばなれのスポーツ復帰の目安について，以下の ______ に適切な語句を入れてみましょう． ▶ p.219

1. 陸上競技の短距離ランナー，サッカーやラグビーの選手の場合，脚筋力や柔軟性が，健側の ______ ～ ______ %で，膝の屈曲筋力と伸展筋力の比率（屈伸比）が ______ であることが目安である．

2. また，主観的には，全力疾走で不安や ______ がなく，最終的に ______ の判断に基づいて練習や試合への復帰が許可されることになる．

STEP 2

問 1

大腿屈筋群肉ばなれへのアスレティックリハビリテーションの実施に際して，あらかじめ医師から得ておくべき情報をあげてみましょう． ▶ p.212

症状

-
-
-
-
-

画像診断

-
-
-
-

処置方法

-
-
-
-
-
-
-

問2

大腿屈筋群肉ばなれへのアスレティックリハビリテーションの実施に際して，定期的な評価として必要な検査，測定項目について以下に該当する項目をあげてみましょう． ▶ p.213

関節可動域（ROM）測定

-
-
-

周囲径計測

-
-
-
-

徒手筋力テスト（MMT）

-
-

問3

大腿屈筋群肉ばなれへのアスレティックリハビリテーションの実施に際して，段階的に評価しておくべき運動能力テストとしては，どのようなテストがありますか． ▶ p.213-214

ジャンプテスト

-
-
-
-
-
-

走能力テスト

-
-
-
-

全身持久力テスト

-
-

問 4

大腿屈筋群肉ばなれの発生要因は，競技者のコンディションの悪さやランニングフォームの不良があげられます．後者のランニングフォームの改善において，特に注意を払う点をあげてみましょう．
▶ p.218

-
-
-
-
-

5 扁平足障害（過回内足障害）へのアスレティックリハビリテーション

STEP 1

問 1

扁平足障害へのアスレティックリハビリテーションについて，以下の ＿＿＿＿ に適切な語句を入れてみましょう．▶ p.225-230

1. 足部の機能評価では，足部のアーチの機能を評価する．足部内側縦アーチの下降を確認するには，足底腱膜による足部の ＿＿＿＿ 機構を確認する．これは，荷重によって足部内側縦アーチが ＿＿＿＿ し，抜重によってもとに戻るように ＿＿＿＿ する機構のことである．

2. 扁平足障害の場合，この機構が十分に機能していない．足底腱膜の緊張度の確認のために ＿＿＿＿ 機構の機能も確認しておく必要がある．

3. 足関節の機能評価では，可動域については特に背屈可動域を膝関節 ＿＿＿＿ 位と膝関節 ＿＿＿＿ 位の状態でそれぞれ計測することが大事である．また，荷重した状態でも，足部内側縦アーチの下降や後足部の ＿＿＿＿ の程度も合わせて足関節の背屈角度を確認する必要がある．

4. 扁平足障害へのアスレティックリハビリテーションにおいて，スポーツ動作中の注意点は，過度の ＿＿＿＿ 荷重，外反母趾，前足部外転・過回内，中足部過回内，後足部 ＿＿＿＿，下腿 ＿＿＿＿，膝関節 ＿＿＿＿，股関節 ＿＿＿＿・＿＿＿＿，骨盤の ＿＿＿＿ 側への傾斜などがあげられる．

STEP 2

問 1

扁平足に関連するスポーツ障害を 5 つ以上あげてみましょう. ▶ p.221

-
-
-
-
-

STEP 3

問 1

足指・足部・足関節の運動で代表的なエクササイズは，足指のグーパー運動とタオルギャザーがあります．これらの運動をうまくできるかどうか体験してみましょう． ▶ p.229

6 脛骨過労性骨障害へのアスレティックリハビリテーション

STEP 1

問 1

脛骨過労性骨障害へのアスレティックリハビリテーションについて，以下の ＿＿＿＿＿ に適切な語句を入れてみましょう． ▶ p.235-239

1. 比較的発症頻度の高い典型例では，脛骨 ＿＿＿＿＿ 1 / 3 に疼痛を生じる.

2. 本障害は競技者の身体的変化に起因する場合もあるので ＿＿＿＿＿ や ＿＿＿＿＿ の変化の推移やそれに伴う身体の柔軟性の変化などについても把握しておくと，発症予防に対する教育・指導の参考となる

3. 本障害の特徴は，運動することにより ＿＿＿＿＿ が出現し，休むことにより ＿＿＿＿＿ が軽減・消失することにある．また，運動中に自覚する ＿＿＿＿＿ も運動を続けることによって一時的に自覚されなくなったり，我慢できる程度であったりする場合も多い.

4. 患部のケアについては，運動直後やクーリングダウンの際には患部への ＿＿＿＿＿＿＿＿ をするのが通常である．しかし，日常の生活においては ＿＿＿＿＿ を伴わない限り不要であるので，過度の ＿＿＿＿＿＿＿＿ により ＿＿＿＿＿ を硬くさせたり，皮膚を傷めたりするようなことがないように注意する必要がある.

STEP 2

問 1

脛骨過労性骨障害に対するランニング許可後のリハビリテーション内容について，ランニング動作の注意点を 5 つ以上あげてみましょう． ▶ p.239

・
・
・
・
・

問 2

脛骨過労性骨障害へのアスレティックリハビリテーションにおいて，特に注意を要する患部のリスク管理を 3 つあげてみましょう． ▶ p.235-239

・
・
・

7 鵞足炎へのアスレティックリハビリテーション

STEP 1

問 1

鵞足炎へのアスレティックリハビリテーションについて，以下の ＿＿＿＿ に適切な語句を入れてみましょう． ▶ p.235-246

1. 鵞足炎は，脛骨近位の前内側部に付着する３つの筋肉 ＿＿＿＿＿＿，＿＿＿＿＿＿，＿＿＿＿ の腱が運動中にストレスを頻回に受けることにより生ずる．

2. 鵞足炎の疼痛は，ハムストリングスの収縮を伴う膝関節の屈伸によって増強する．最も誘発されやすいのは，膝の繰り返しの曲げ伸ばしの際に膝 ＿＿＿＿ や下腿 ＿＿＿＿ を強制したときである．

3. 膝関節の評価をする場合，膝関節の ＿＿＿＿ 可動域の制限がないかどうかを確認しておく．他動的に膝を屈伸するときに下腿を内旋位で行った場合と外旋位で行った場合とで ＿＿＿＿ の有無を確認する．

4. 疼痛を誘発する簡便なシミュレーションテストとして ＿＿＿＿＿＿＿＿ テストを実施する．特に ＿＿＿＿＿＿＿＿ で膝屈曲角度を変えながら下腿の ＿＿＿＿ と膝関節の ＿＿＿＿ を伴うようなストレスを加えたときに疼痛の有無を確認する．

5. ランニング開始前のリハビリテーションの内容としては，疼痛を誘発するような ＿＿＿＿＿＿＿＿ の運動を修正するように股関節の ＿＿＿＿＿＿ や ＿＿＿＿＿＿ の筋力トレーニングを行うとともに歩行を中心とした練習を実施する．

8 膝蓋大腿関節障害へのアスレティックリハビリテーション

STEP 1

問 1

膝蓋大腿関節障害へのアスレティックリハビリテーションについて，以下の ＿＿＿＿＿ に適切な語句を入れてみましょう．▶ p.247-255

1. 膝蓋大腿関節における関節適合性について，膝関節 ＿＿＿＿＿ 角度によって関節面の適合する部分が変動する．また，スクワット動作では，＿＿＿＿＿＿＿＿ の収縮力により膝蓋大腿関節への圧迫力を生じ，この圧迫力は膝屈曲角度が大きいほど ＿＿＿＿＿ し，膝屈曲 ＿＿ ～ ＿＿ °の間が最大とされている．

2. 膝蓋大腿関節の急性外傷が起きた場合には，＿＿＿＿＿＿ 処置を行う．特に膝蓋骨の脱臼・亜脱臼の症状を呈する場合は，＿＿＿＿＿＿＿＿ の収縮を抑制できるようにテーピングやサポータを用いて関節を安静肢位に固定することが重要である．

3. 膝蓋大腿関節障害に対する関節可動域の評価では，膝関節の過伸展を含む膝屈伸と，膝蓋骨の上下左右の可動性は必ず評価する．膝関節伸展の自動運動では，＿＿＿＿＿＿ の過緊張や＿＿＿＿＿＿ の収縮状態をみながら，膝蓋骨の ＿＿＿＿＿ 偏位の程度もみておく．同様に膝屈曲に伴う膝蓋骨の適合具合もみておく．

4. ランニング開始前のリハビリテーションにおいて，荷重位でのエクササイズは，関節への＿＿＿＿＿ 力を考慮する必要がある．膝蓋大腿関節への ＿＿＿＿＿ 力は，歩行時で体重の ＿＿ 倍，階段昇降で 3.3 倍，スクワットでは 7.6 倍とされている．

STEP 2

問 1

反復性膝蓋骨脱臼・亜脱臼の症状には，疼痛，ひっかかり感，可動域制限，ロッキングなどがあります．これらの要因を 5 つ以上あげてみましょう．▶ p.249

-
-
-
-
-

問2

膝蓋大腿関節障害の評価として，膝蓋骨の動きを伴う疼痛や不安感をみるテストがあります．代表的なテストを 3 つあげてみましょう．また，それぞれのテスト方法を簡潔に説明してみましょう．

▶ p.250

テスト法

説明

テスト法

説明

テスト法

説明

G 競技種目特性に基づいたリハビリテーションプログラミング

1 アスレティックリハビリテーションにおける競技種目特性

STEP 1

問 1

動作から見た競技特性について，以下の ＿＿＿＿＿ に適切な語句を入れてみましょう．
▶ p.256-265

1. 多くの動作には，その準備段階があり，本運動に有利に働く身体状態を確保する．例えば，瞬時に跳んだり，ステップが要求される場合は，股関節膝関節を軽度屈曲位としている．これを「＿＿＿＿＿の姿勢」という．

2. 歩行とランニングの違いは，歩行では ＿＿＿＿＿＿＿＿＿＿ 期があるのに対し，ランニングでは ＿＿＿＿＿＿＿＿＿＿ 期がある．

3. ランニングでは mid support phase において膝関節は ＿＿＿＿＿，下腿は ＿＿＿＿＿，距骨下関節は ＿＿＿＿＿ する．

4. 解剖学的肢位での骨配列（アライメント）を ＿＿＿＿＿＿＿＿＿＿＿＿＿（＿＿＿＿＿＿＿＿＿＿＿＿＿）と呼び，動作時の骨配列の変化を ＿＿＿＿＿＿＿＿＿＿＿＿＿（＿＿＿＿＿＿＿＿＿＿＿＿＿）と呼ぶ．

5. 下肢ダイナミックアライメントは，neutral，＿＿＿＿＿＿＿＿＿＿＿＿，＿＿＿＿＿＿＿＿＿＿＿＿ の 3 つに大きく分類される．

6. 投球動作の位相はワインドアップ，アーリーコッキング，レイトコッキング，＿＿＿＿＿＿＿＿＿＿＿＿，＿＿＿＿＿＿＿＿＿＿＿＿，フォロースルーに分けられる．コッキング期においては，肩 ＿＿＿＿＿ が引き伸ばされ，肘には ＿＿＿＿＿ 力が加わる．

7. 相撲などで相手を低い位置で押す場合は，前腕回外位で，作用軸の手関節にかかる圧を ＿＿ 骨で受けることにより，上腕骨へ伝えやすい．

問 2

体力からみた競技特性について，以下の ＿＿＿＿＿ に適切な語句を入れてみましょう．
▶ p.266-275

1. 競技者を対象としたアスレティックリハビリテーションは，最終ゴールである ＿＿＿＿＿＿＿＿＿＿ と ＿＿＿＿＿＿＿＿＿＿＿＿＿＿ を考慮して行うことが，一般的なメディカルリハビリテーションとの大きな違いである．

2. 競技復帰のためのトレーニングでは，各競技種目における ＿＿＿＿＿＿＿＿，＿＿＿＿＿＿＿＿＿＿，＿＿＿＿＿＿＿＿＿＿＿＿＿＿＿＿＿＿＿＿ などを踏まえたうえで，種目特有の負荷に対応できるようにトレーニング処方をする必要がある．

3. ハムストリングは膝関節と股関節にまたがる ______________________ である.

4. ハムストリングが疾走能力に最も貢献しているのは，股関節 ________________ である.

5. 筋出力の分類としては，一般に筋出力の発揮時間が短い場合は __________ ，長い場合は ________________ と 表現されている.

6. 筋収縮速度においては，収縮速度がゼロの場合を ______________________ ，または単に筋力，ある収縮速度を持つ場合を ______________________ ，または ________________ と呼んでいる.

7. 持久力については，局所的な運動の場合は ______________________ ，大筋群を使う運動の場合を ____________________________ に分けて呼ぶことが多い.

8. 筋収縮のエネルギー供給経路（エネルギー供給系）には， ______________________ ， ________________ ， ______________________ の 3 つがある.

9. ATP-CP 系は短時間に __________ 筋出力を発揮する運動， ______________________ 系は長時間にわたり低い力を発揮する運動に適している.

10. パワーは筋収縮時に発揮された力と __________ の積で表され，短時間の全力運動において出力される力と速度は ________________ 関係にある.

11. スプリント動作のような全力疾走には， ____ のパワーが重要であることが知られている.

12. 筋収縮様式を大きく分けると，等尺性収縮， ________________ 収縮， ______________ 収縮 の 3 つに分類できる．そして，短縮性収縮よりも伸張性収縮のほうが筋出力は ________________ .

13. パワーには，砲丸投げなどのように 1 回だけの筋収縮によって発揮される ____________________________ とスプリント走のように複数回の筋収縮によっては発揮される ____________________________ がある.

14. 単発的パワーの代表的な体力測定は， ______________________ であり，上肢では， ________________ ____________________________ などがある.

15. スポーツ動作中における，体重支持や体重移動に筋が出力を要する時間は， ________________ であり，一瞬で筋力を発揮する能力が重要である.

16. ダッシュを繰り返して行うような休憩を挟んで運動を繰りかし行う運動様式を ______________________ という.

17. 競技者の場合，患部が完治したとしても，運動制限によって，競技活動に必要な体力要素が不足しているとさらに強化の期間が必要となる．そのため， ______________________ が望めなくなる.

18. 下肢への荷重制限がある場合，水中での __________ を利用して，荷重制限下での運動などが有効である.

19. アスレティックリハビリテーションでは，＿＿＿＿＿＿＿＿＿＿の観点から，必要となる体力要素を予測して，トレーニング課題を検討することが必要となる.

20. アスレティックリハビリテーションの初期段階においても，体力回復のレベルに応じた＿＿＿＿＿＿＿＿の獲得を行うことが早期競技復帰を可能とする.

STEP 2

問 1

knee-in & toe-out はスポーツ活動のどのような場面でみられるかあげてみましょう.
▶ p.260-261

-
-
-

問 2

knee-out & toe-in を回避する方法を提示してみましょう. ▶ p.261-263

問 3

アスレティックリハビリテーションにおいて，競技特性を踏まえたトレーニング処方を行う際に必要な項目を 5 つあげてみましょう. ▶ p.266

-
-
-
-
-

問 4

サッカー選手やバスケットボール選手が有する持久力と，長距離走選手が有する持久力との違いについて簡潔に述べてみましょう. ▶ p.272-273

STEP 3

問 1　振り向き動作について，立位から右後方へ振り向いた際，右脚は knee-out & toe-in が，左脚は knee-in & toe-out が生じやすくなるのを体感してみましょう．▶ p.260-261

問 2　問題がある下肢ダイナミックアライメントにより，下肢に加わるストレスを体感してみましょう．まず，立位にて片脚を一歩前にし，足底全面接地させます．足先の方向へ膝を曲げていき，膝を足先よりも内側（knee-in & toe-out）にします．次に膝を足先よりも外側（knee-out & toe-in）にします．どの部位に，どのような感じがありますか．▶ p.261

2 競技種目における動作特性と体力特性

STEP 2

問 1　陸上競技（短距離走）に多いハムストリングス肉離れの発生要因を，身体要因とその他の要因に分けて列挙してみましょう．▶ p.276

身体要因

その他の要因

問 2　水泳選手に多い肩痛は「水泳肩」と呼ばれるいわゆる「肩インピンジメント症候群」です．急性期（炎症期）の対処方法をあげてみましょう．▶ p.289

問 3　サッカー選手における足関節捻挫の発生機転と発生機序に関して，相手競技者とコンタクトがある場合とない場合に整理してみましょう．▶ p.290-291

コンタクトありの場合

-
-
-
-

コンタクトなしの場合

-
-
-

問 4

バスケットボールにおける足関節内反捻挫の受傷機転をあげてみましょう． ▶ p.298

問 5

バレーボールにおける CKC での運動時痛のチェックのための，テスト項目とチェック内容を簡潔に述べてみましょう． ▶ p.307

問 6

ハンドボールにおける膝蓋大腿関節の障害に関して，障害名とその原因を整理してみましょう． ▶ p.315-316

・ ：

・ ：

問 7

野球における投球レベルの段階的な負荷の増加について，例をあげて示してみましょう． ▶ p.324

問 8

ラグビーにおける代表的な外傷障害（膝内側側副靱帯損傷，肩関節脱臼・亜脱臼，腰痛）の発生機転について整理して述べてみましょう．▶ p.328

膝内側側副靱帯損傷

肩関節脱臼・亜脱臼

腰痛

問 9

格闘技（柔道・レスリング）で発生する上肢外傷の発生機転について説明してみましょう．
▶ p.333

問 10

体操競技では「WBI」と「握力」をどのような指標としているのか説明してみましょう．
▶ p.339-341

WBI

握力

問 11

スキー競技における膝前十字靱帯損傷の代表的発生機転を 3 つあげるとともに，図中に矢印で示してみましょう．▶ p.345

①

②

③

問 12 スピードスケート競技における滑走姿勢の特徴を説明してみましょう． ▶ p.350

STEP 3

問 1

水泳競技の「訓練期におけるエクササイズ」を実施してみましょう．その際の注意点を整理してみましょう． ▶ p.289

問 2

バスケットボール競技のツイスティング・サイドステップ・クロスオーバーステップについて，受傷機転となりやすい動きの注意点をふまえて，スロースピードで実施してみましょう． ▶ p.301-304

問 3

投球動作における股関節機能として重要な柔軟性の評価について， ▶ p.323 図Ⅶ-G-121，図Ⅶ-G-122 を参考に実施してみましょう．

STEP 4

問 1

対象は，陸上競技（スプリント）におけるハムストリングス肉離れを有した選手です．他覚的な炎症徴候の所見はありません．ランニング開始後，スピードを高めるためのアスレティックリハビリテーションのプログラムについて，フローチャートを完成させてみましょう▶ p.276-285

ランニング開始前に確認しておくこと

一般的な HOPS

- 発生機転の詳細把握
- 症状の確認（正確な医学的情報）
- 局所の圧痛，腫脹，発赤，発熱，変形（陥凹）の有無
- 筋収縮・伸張時痛の有無
- 筋萎縮の有無

→ 症状あり → 対処と選手へのアドバイス❶ → 改善 → 運動機能テスト

↓ 問題なし

運動機能テスト
その他のテスト

- 筋力測定（等速性筋力測定機器などを使用）❷
- フィジカルテストによる身体諸機能データ
- 練習・試合などのスケジュール，チーム内の立場

→ 問題あり → 対処

↓ 問題なし

ランニング開始時

ランニング開始／陸上の競技特性に合わせたトレーニング

運動

- ハムストリングスの強化
- ヒップリフト（股関節伸展）❸
- ヒップリフト（母指球保持）❹
- ヒップリフト 2❺
- ハイパーエクステンション❻
- 片脚のスクワット動作❼
- 振り戻し切り返し動作（はさみ動作）❽

↓

全力疾走（ダッシュ）

→ 問題あり（動作上の問題，痛みの問題）→ 対処❾

↓ 問題なし

陸上の種目特性に合わせたトレーニング

運動

1）短距離走
- スタート
- 距離への適応

2）跳躍種目
-
-
- ❿
-

3）長距離走
- 直線とコーナーの割合
- 時間や距離
- 患部外トレーニング（全身持久力，耐乳酸性トレーニング）

↓ 問題なし

スパイクの使用

→ ケア⓫

❶どのように対処し，選手にはどうのようにアドバイスをしますか？	・ ・
❷筋力比はどのような指標を用いますか？またその好ましい比率はどれくらいですか？	
❸～❽は具体的にどのような点に注意して行いますか？	❸ ❹ ❺ ❻ ❼ ❽
❾どのように対処し，選手にはどのようにアドバイスをしますか？	・ ・ ・
❿跳躍種目における運動課題をあげてみましょう	・ ・ ・ ・
⓫運動後のケアとして何をすべきですか？	・ ・

問 2

対象は 18 歳（女子）の競泳選手（バタフライ）です．練習中，右肩痛が発生し練習困難となりました．医師により「右水泳肩」の診断を受け，1 週間安静の指示が出ました．練習復帰におけるリハビリテーションの流れについて以下のフローチャートを完成させてみましょう． ▶ p.286-289

問診
◎疼痛の確認
- 重症度
- ストローク動作における疼痛発生期

◎重症度の評価
Class Ⅰ：水泳活動後のみに生じる痛み
Class Ⅱ：水泳活動中かその後に生じるが，支障をきたすほどではない痛み
Class Ⅲ：❶

◎ストローク動作
- プル期：エントリー，❷，フィニッシュ，リリース
- リカバリー期

↓

評価
- 局所の炎症所見
  腫脹・熱感・発赤

→ 対処方法❸

↓

- 圧痛の有無
  ❹ 筋，❺ 筋，❻ 腱，肩峰下など

↓ なし

インピンジメントテスト❼
筋抵抗テスト
◎上腕二頭筋
-
- ❽
-

◎腱板
- painful arc
- drop arm sign
- 棘上筋テスト
- 内外旋抵抗テスト

↓ なし

ROM
著明な左右差を認めない

↓

練習復帰前のトレーニング❾

↓

練習復帰 ❿

❶の説明文を記述してみましょう

❷に適語を入れてみましょう

❸どのように対処しますか？

•
•
•

❹に適語を入れてみましょう

❺に適語を入れてみましょう

❻に適語を入れてみましょう

❼インピンジメント症候群のテストをあげてみましょう

•
•

など

❽上腕二頭筋に対する抵抗テスト（筋力テスト，疼痛誘発テスト）をあげてみましょう

•
•
•

など

❾練習復帰前のトレーニングとしてどのようなものがあげられますか？

•
•
•

❿練習後には何をチェックすべきですか？

•
•
•
•
•
•

問 3

対象は 20 歳（男子），サッカー選手（ディフェンダー）です．試合中，相手との 1 対 1 の対人プレーの際に，バランスを崩し芝に足が引っかかり，足関節内反捻挫をしました．競技復帰までのリハビリテーションの流れについて以下のフローチャートを完成させてみましょう．▶ p.290-297

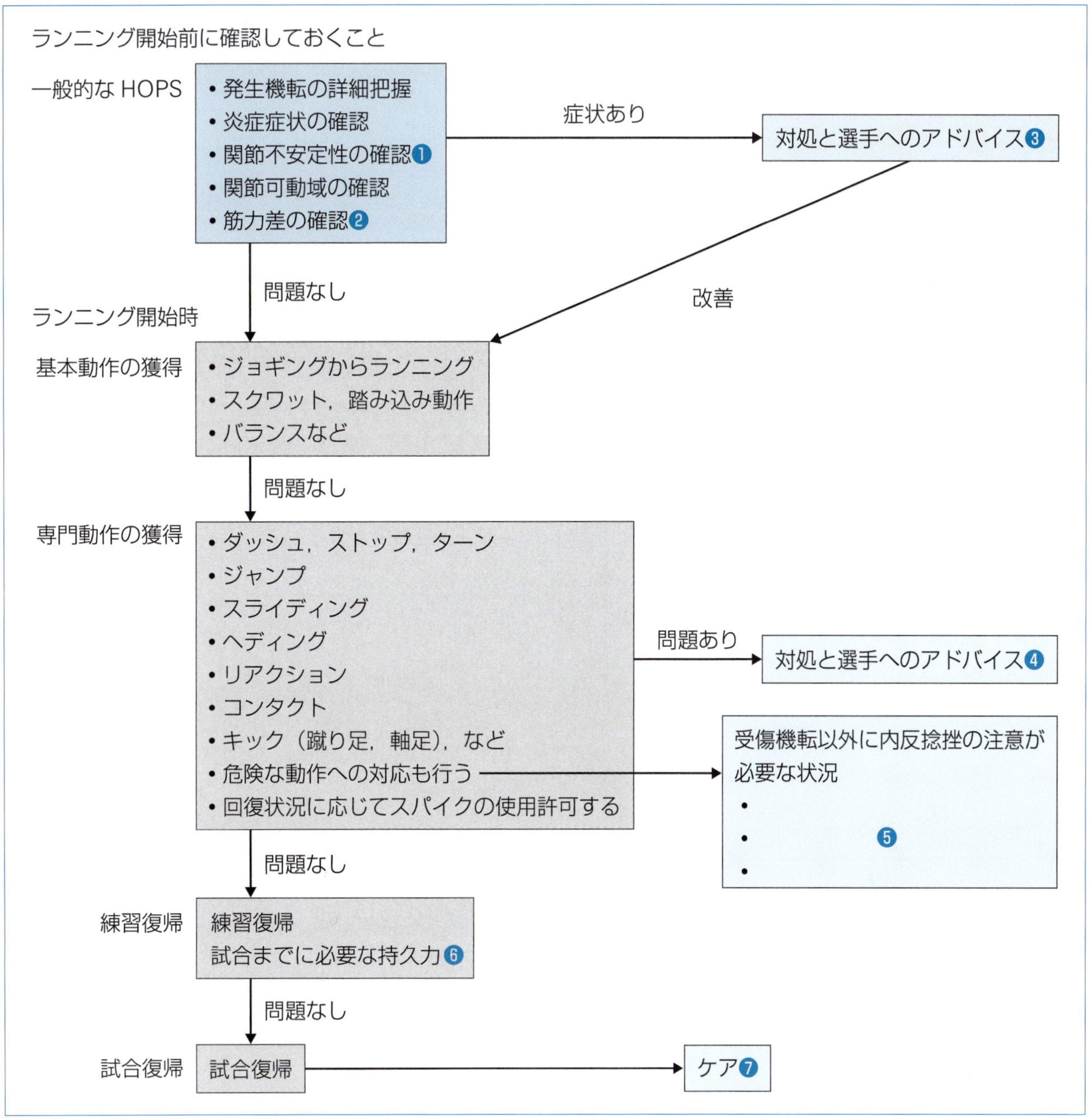

❶どのようなテストを行いますか？ 2 つあげてみましょう

•

•

❷MMT では，特にどこの筋群をチェックしたらよいですか？

❸どのような対処，アドバイスをしますか？

•

•

•

•

❹どのような対処，アドバイスをしますか？	・ ・ ・ ・
❺受傷機転以外に内反捻挫に注意が必要な状況はどのようなことが考えられますか？	・ ・ ・
❻サッカーの試合復帰までに必要な持久力とはどのようなものでしょうか	・ ・
❼運動後には何をすべきですか？	・ ・

問 4

対象は膝蓋靱帯炎（慢性期）を有する女子バレーボール選手です．スポーツ復帰のための対応について，フローチャートを完成させてみましょう．

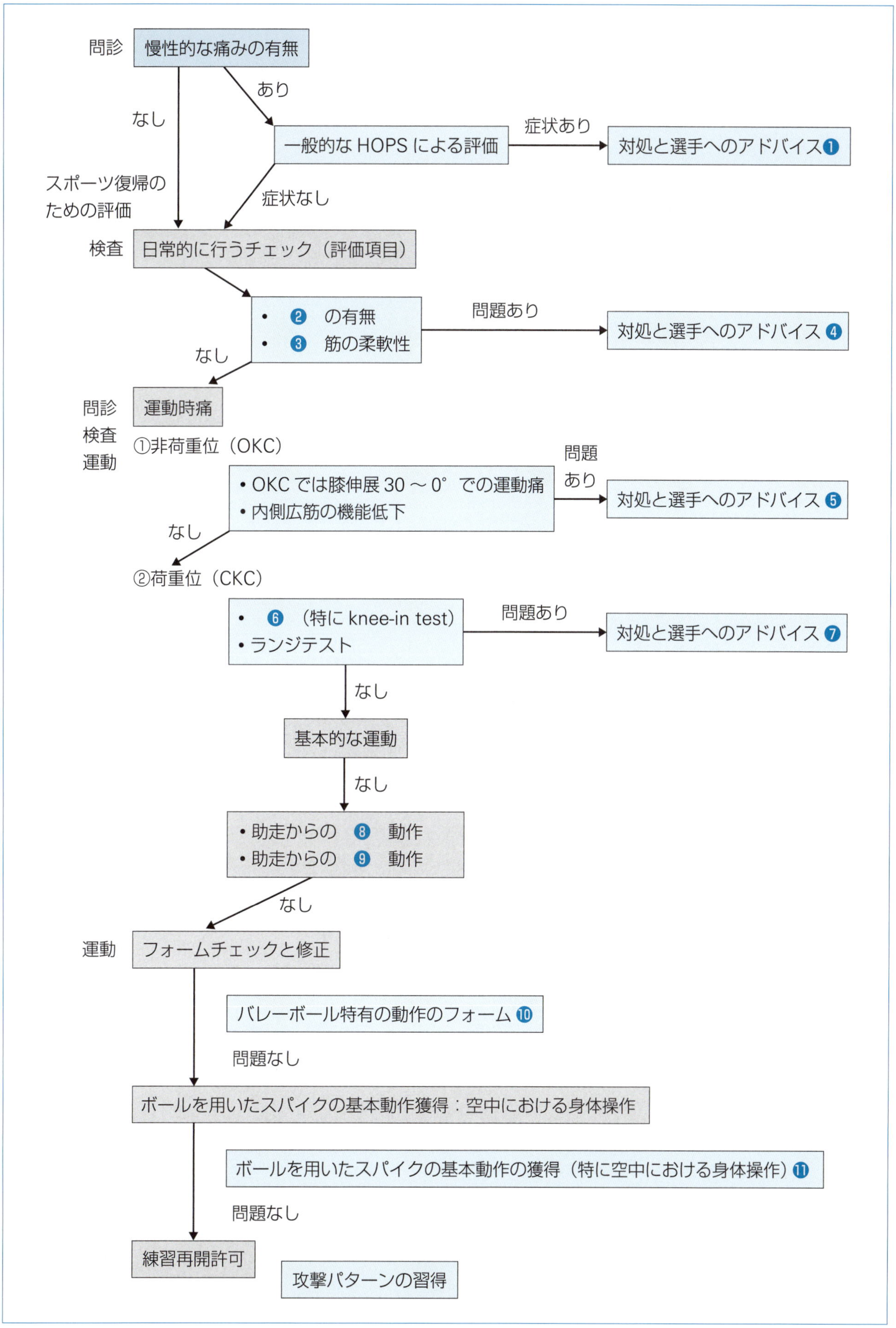

❶に適語を入れてみましょう

❷に適語を入れてみましょう

❸に適語を入れてみましょう．またこの部位の柔軟性はどのようなテストを用いて評価しますか

・
・

❹問題があった場合の対処はどうしますか？

・
・

❺問題があった場合の対処はどうしますか？

❻に適語を入れてみましょう

❼問題があった場合の対処はどうしますか？

❽，❾に適語を入れてみましょう

❽

❾

❿具体的にどのような動作を確認し修正すればよいですか？

・
・
・

⓫ボールを用いたスパイクの基本動作獲得：空中における身体操作について具体的に取り組むべき順序に注意して右の課題の順序を並べ替えてみましょう

(イ) トスの高さ・速さ・角度の変化に対応する（合わせる）
(ロ) 助走のタイミングをボールに合わせる（真上に上がったボールを打つ→セッターが上げたボールを打つ）
(ハ) 助走方向への推進力コントロールを獲得

□ → □ → □

解答編

A アスレティックリハビリテーションの考え方

1. アスレティックリハビリテーションの定義

STEP 1
問 1
1. 競技者，2. 効果　安全，3. オーバートレーニング　二次的な障害

STEP 2
問 1
個体要因
・アライメントの異常　・筋力，筋持久力　・スキル　・その他（関節可動域，関節弛緩性など）
環境要因
・季節，天候　・路面の状態　・靴の状態
トレーニング要因
・運動の種類および方法　・運動の負荷量　・競技種目およびポジション，など

2. アスレティックリハビリテーションの概要

STEP 1
問 1
1. 早期　身体状態，2. 動作　発生機転

STEP 2
問 1
・競技特性を踏まえてトレーニングを処方する　・段階的なプログラムを処方する　・リスク管理を徹底する　・再発予防への配慮をする　・患部以外の活用（患部外トレーニングの処方）　・競技者の心理面のサポートをする　・ドクターと連携をとる，など

3. 機能評価の考え方

STEP 1
問 1
1. ①要因　②動作　③復帰時期，2. 動作　運動

4. リスク管理の基礎知識

STEP 1
問 1
1. 環境　用具

B 運動療法（アスレティックリハビリテーションにおけるエクササイズ）の基礎知識

1. アスレティックリハビリテーションにおけるエクササイズの目的

STEP 1
問 1
1. 機能改善　競技スキル，2. 適応　注意

2. 筋力回復，筋力増強エクササイズの基礎知識

STEP 1
問 1
1. 筋力　萎縮，2. 疼痛　腫脹，3. overload

STEP 2
問 1
単関節運動
・open kinetic chain で行われることが多い　・スポーツ動作の一部分の運動に似る　・身体部位の固定が少ない　・対象とする筋群に適正な負荷が加わる　・運動は比較的簡単　・動作の学習には向かない　・多関節同時運動の前段階のエクササイズとして実施することが多い
多関節同時運動
・closed kinetic chain で行われることが多い　・スポーツ動作に似る　・床面に身体部分を接触，固定させることが多い　・個々の筋に対する負荷はわからない　・運動はややむずかしくなる

3. 関節可動域回復，拡大のエクササイズの基礎知識

STEP 1
問 1
1. 筋　関節包　皮膚　靱帯，2. 関節不安定性，3. 衝突　インピンジメント　軟部，4. 自動　他動

STEP 2
問 1
・プロロングドストレッチング：筋を長軸方向にゆっくり伸ばす．筋の短縮や攣縮に対して用いられる　・クイックストレッチング：筋に急激な伸張を加える．短縮や攣縮を改善には不適切である　・PNF ストレッチング：固有受容器を刺激することで神経筋の反応を促す　・ダイレクトストレッチング：皮膚などの周辺組織を介して筋線維を直接的に圧迫する　・コンプレスストレッチング：筋に一定の圧刺激を加えながら緩やかに伸張する

4. 神経筋協調性回復，向上エクササイズ

STEP 1
問 1
1. 部分　複合　方向　スピード　バランス　動的

5. 全身持久力回復，向上エクササイズ

STEP 1
問 1
1. 最大酸素摂取量　無酸素性作業閾値，2. 時間　頻度

6. 身体組成の管理に用いるエクササイズ

STEP 1
問 1
1. 除脂肪，2. 消費量，3. 運動量，4. 発汗　水分　脂肪

STEP 2
問 1
・消費エネルギーの目標を設定する　・エクササイズの種目については競技種目や患部を考慮する　・エクササイズの負荷は徐々に上げ，かつ体脂肪が燃焼する負荷と時間を設定する　・食事と運動量のバランスや，隠れて無理な減量を行っていないか注意し，モチベーションアップをはかる

7. 再発予防，外傷予防のためのスポーツ動作エクササイズ

STEP 1
問 1
1. 複合　荷重　closed kinetic chain（CKC），2. 動的アライメント，3. knee-in toe-out

STEP 2
問 1
疼痛や不安定感を生じる動きやランニングの位相を特定し，この位相のダイナミックアライメントについて評価・分析をする．同時にこのダイナミックアライメントを呈する要因となる運動器機能について整形外科的な評価を行う．これらにより問題となる原因を分析し，その解決策となる個別のエクササイズを処方する．最終的にはランニング動作につながる動作のエクササイズにつなげる

C 物理療法と補装具の使用に関する基礎知識

1. 物理療法

STEP 1
問 1
1. 適応　禁忌

STEP 2
問 1
・症状の部位　・症状の原因組織　・症状の原因と考えられる組織の深さ　・症状の原因と考えられる組織の形状　・症状の範囲　・症状の種類　・症状の性質　・症状の程度，炎症症状の有無・程度　・発症からの経過期間　・症状が発現する場面　・症状の発現様式　・対象者の心理的特性　・リスク管理上の注意事項

2. 温熱療法

STEP 1
問 1
1. 循環　疼痛　筋スパズム，2. 表在部　超音波，3. 急性炎症　出血　感染

STEP 2
問 1
・疼痛のコントロール：疼痛閾値の上昇や筋スパズムの減少，血流の増大による疼痛物質の排出により疼痛を軽減する　・可動域の増

大：軟部組織の伸展性を高め，他動的ストレッチングを併用することで関節可動域の拡大のみならず，損傷リスクの軽減も期待する
・治癒の促進：亜急性期以降の炎症に対して施行することで血流の増大と代謝率の上昇に伴って組織治癒が加速する

3. 寒冷療法

STEP 1
問 1
1. 一時的血管収縮　二次的血管拡張，2. 凍傷，3. 寒冷過敏症

STEP 2
問 1
外傷後，組織に炎症が起こるのは正常な生体反応であるが，炎症を放置しておくと周囲組織が低酸素状態に陥り，また炎症過程で産生される細胞を消化する酵素が広がり，周囲組織が二次的にダメージを受けてしまう．これが炎症の拡大を招き，治癒に長期間を有することになる．
一方，外傷後に寒冷療法を実施すると，代謝の低下，一時的血管収縮，毛細血管透過性の低下，神経活動の低下，筋紡錘活動の低下により炎症の拡大が最小限に抑えられる

4. 電気刺激療法

STEP 1
問 1
1. 筋収縮，2. 心臓

5. 超音波療法

STEP 1
問 1
1. 拘縮，2. 骨端線

6. 鍼，灸，マッサージの有効利用方法

STEP 1
問 1
1. 鎮痛，2. 飲酒　発熱

7. 補装具の使用目的

STEP 1
問 1
1. ルール，2. 症状　身体

8. 装具

STEP 1
問 1
1. 機能不全，2. 再発予防

STEP 2
問 1
・痛みの軽減　・組織の保護　・機能不全の代償または補助

9. テーピング

STEP 1
問 1
1. 応急処置　再発

10. 足底挿板

STEP 1
問 1
1. 衝撃緩衝　足部アーチ

D 外傷ごとのリスク管理に基づいたリハビリテーションプログラミングと実践—体幹—

1. 頚椎捻挫へのアスレティックリハビリテーション

STEP 1
問 1
1. 生命維持　延髄，2. 麻痺（四肢麻痺），3. 激突　転倒　コンタクト，4. むちうち，5. 軟部組織，6. 伸張（伸展でも可）　圧迫　剪断，7. 頭を下げた，8. ハイタックル，9. 側屈　筋力，10. 疼痛誘発　練習　二次損傷，11. 自動，12. 柔軟性，13. 競技，14. アイソメトリックエクササイズ，15. 柔軟性　筋力

STEP 2
問 1
・受傷時に頭部や頚部に激しい痛みを伴っている場合　・上肢まで放散する痛みやしびれが存在する場合　・その他の神経症状が認められる場合　・数日間受傷時の症状が軽減しない場合　・何度も同様の症状を繰り返す場合
問 2
・頚部関節可動域の減少あるいは増加　・頚部筋力低下　・頚椎の先天奇形　・アライメント異常
問 3
・痛みや違和感なく受傷前以上の可動域が確保されているか　・軟部組織に局部の圧痛がないか　・ストレッチなどで痛みや違和感がないか　・疼痛誘発テストが陰性であるか　・筋萎縮や疼痛反応によってアライメント異常がみられないか　・チンイン，筋交代ならびに競技スキルの習熟ができている．また，危険な頚部肢位を回避する知識や技術ができているか
問 4
コンタクト競技などを始める前やシーズン後にはメディカルチェックなどを行い危険因子の把握と対策を行う．
頚部の外傷発生機転は一般的には未熟な技術や頚部および体幹筋力あるいは全体の体力不足によるものが多い．アスレティックトレーナーが直接競技技術の指導をすべきではないが，このような危険回避を目的とした安全対策の教育や競技技術の指導はコーチらとの連携のもとに積極的に行わなければならない
参考：メディカルチェックで得られる情報
・骨損傷，脱臼などの既往歴の確認
・頚椎の配列（アライメント）
・先天奇形または，危険性要素を含んだ特徴
・椎体の変性
・その他脊椎ユニットの不安定性を推察するような変化
・競技を行うのに十分な筋力
・頚部保護のための知識とスキル
・その他

STEP 4
問 1
❶意識障害，❷頭部，❸頚部，❹しびれ，❺放散痛，❻・炎症を抑制するように対処をする　・炎症徴候の原因などを明らかにするため，医療機関への受診を促す　・受傷時より頚部の軽度の痛みのみで運動制限を伴っていない場合は疼痛部にアイシングを行い，強いコンタクト以外の運動は許可してよい．この場合も3日間はコンタクトを禁止する，❼安定性の得られていない頚部の筋力評価は危険なので，自動運動の確認から始め，次に静的筋力について軽い抵抗を加えていき，筋力発揮の際の不安感や痛みを先に確認しながら徒手抵抗を徐々に高める．このとき少しでも痛みや不安感があればすぐにやめる，❽・Jackson テスト：回旋，後屈　・Squrling テスト：回旋，後屈，側屈，❾・静的筋力強化　・頚部固定のための同時収縮訓練（パートナーの補助による抵抗），❿・体重制限のある種目は体組成管理を行う　・頚部に強い振動や負荷のかからないものに取り組む，⓫チンイン姿勢，⓬競技スキル，⓭体幹，頚部筋群の協調運動獲得，⓮・高度な頚部の固定力　・剪断力への対応，⓯・神経症状がない　・疼痛誘発テストが陰性である　・すべての方向に正常な可動域が獲得されている　・頚部を維持する十分な筋力が回復している　・頭部外傷を回避する知識と技術が得られている

2. 腰部疾患へのアスレティックリハビリテーション

STEP 1
問 1
1. 医学的・器質的問題　医学的リスク，2. 骨肥厚　骨棘，3. 後弯，4. ビジュアルアナログスケール，5. 尻上がりテスト，6. 挙上，7. 後傾　伸展，8. スポーツ動作，9. 疼痛，10. 腹圧，11. ブリッジ，12. 体幹

STEP 2
問 1
①屈曲型腰痛
体幹前屈時において腰痛が生じる．殿筋群やハムストリングスの短縮により骨盤の前傾が制限され，過度に腰背筋の筋群が伸長されて生じる場合と，腰背部筋群の短縮，疲労により生じている場合がある
②伸展型腰痛
体幹伸展時に腰痛を生じる．腸腰筋や大腿筋膜張筋，大腿直筋などの股関節屈曲筋群の短縮や過緊張のため，骨盤前傾のままで腰椎の前弯が増強して生じる場合と，誤った動作習慣として腰椎の前弯を中心とした伸展動作が

考えられる
③回旋型腰痛
体幹回旋時に腰痛を生じる．多くの場合，骨盤が前傾した状態で股関節での運動が少なく，下位腰椎の椎間関節に回旋，伸展ストレスが加わることにより生じる
④混合型腰痛
上記運動時の腰痛が複数存在している場合で，それぞれの動作を確認する

問 2

・ランニング動作では適切な腰椎骨盤リズムを行うことができず，腰椎前弯，あるいは後弯のままで行っている場合がある　・バレーボールやバスケットボールでは，ジャンプの踏み切りや着地で腰椎の過度な前弯が出現し，伸展型腰痛となりやすい　・バレーボールのアタック動作では，上肢を振り上げた際に腹筋の緊張が低下・消失し，相対的に腰椎に過度な前弯を生じて伸展型腰痛となることがある　・バレーボールやバスケットボールでの構えの姿勢でも，足関節の柔軟性欠如や膝屈曲姿勢の誤った動作習慣から下腿前傾角度が不十分な場合には腰椎の過度な前弯が出現し，その結果次のステップ動作への移行時にさらに腰椎の伸展・回旋が加わり伸展型あるいは回旋型腰痛を呈することがある　・ラグビーのようなコンタクトスポーツでは，腹部側方の筋収縮が不十分で，あたり動作の瞬間に体幹の剛性化を維持できず軸が崩れてしまうことがある

問 3

腹筋の強化運動
45，52，53，54，55
背筋の強化運動
46
股関節周囲筋との協調運動
47，48，49，50
その他の運動
51

問 4

着地動作では体幹の安定性はもちろんのこと，腰椎に加わる着地時の床反力を吸収するために，下肢の各関節が十分に機能することが必要となる．バレーボールやバスケットボールのステップ動作の構えの姿勢では下腿前傾を十分に行い，腰椎の適切な前弯を保持した基本姿勢を習得させる．

STEP 4

問 1

❶ 1）屈曲型　2）伸展型　3）回旋型　4）混合型，❷大腿神経伸展テスト（FNST），❸下肢伸展挙上テスト（SLRT），❹・大殿筋　・ハムストリングス，❺・トーマステスト（大腿直筋）・尻上がりテスト（腸腰筋），❻・体幹屈曲・伸展・回旋・骨盤挙上筋群の徒手筋力評価（MMT）　・股関節屈曲・伸展・外転・内転筋群の徒手筋力評価（MMT）・体幹の安定性と剛性の確認，❼・腹筋運動・背筋運動，❽・腹圧を高める　・股関節周囲筋の筋力増強，❾下腿前傾角度が不十分とならないように注意する，❿下部腹筋の緊張を意識させ，腰椎の前弯を強調させることなく股関節伸展による動作を学習させる，⓫上肢を振り上げた際に腹筋の緊張が低下・消失し相対的に腰椎に過度な前弯を生じていないか確認する

E 外傷ごとのリスク管理に基づいたリハビリテーションプログラミングと実践 ―上肢―

1．肩関節前方脱臼へのアスレティックリハビリテーション

STEP 1

問 1

1．関節上腕　関節唇　Hill-Sachs，2．習慣性，3．伸展，4．近位，5．前方　水平伸展

STEP 2

問 1

タックルをする際に，いわゆる「腕をとられた」状態になり上肢が水平伸展方向にひかれて発生することが多い．肩水平伸展，外旋が強制され，上腕骨頭が肩甲骨関節窩に対して前方に脱臼する

問 2

関節上腕靱帯や前方関節包の剥離や断裂を生じ，関節唇損傷 (Bankart lesion) や骨損傷 (Hill-Sachs lesion) を合併することが多い

問 3

ストレッチングや筋力トレーニングなどにおいて，肩関節を外転，外旋運動をする際には，受傷肢位と類似しているため肩関節前方不安定性に留意する

問 4

スポーツ動作における注意点を十分に留意しておく．タックルの際，再受傷のリスクの高いアームタックルを回避する．また，肩関節の水平伸展，外旋が強制されないように，肩関節外転，外旋角度の小さい「脇を締めた」タックルを指導する．必要に応じてテーピングや装具を用いる

STEP 4

問 1

❶タックル時に肩関節の外旋・水平伸展を矯正されたことにより，上腕骨頭が前方へ偏位した，❷ apprehension，❸不安感，❹下方，❺腱板：棘上筋　棘下筋　肩甲下筋　三角筋　大胸筋など，❻前鋸筋　僧帽筋　菱形筋など，❼外旋，❽肩甲骨　上腕骨など，❾体幹，❿・疼痛が確認された場合は，再確認のために医療機関を受診させ，医師の指示を仰ぐ　・機能低下がみられた場合，その対応策としてエクササイズなどを指導する，⓫肘，⓬側屈，⓭肩甲骨，⓮脇を締めた，⓯肩関節の可動域や筋力が獲得されていることが前提となり，受傷機転を理解したうえで，瞬発的な筋力や反応性を高める．CKCトレーニングなども効果的となる，⓰座位で，体幹の片側に長軸方向の負荷を加えて，体幹側屈や骨盤後傾が生じないように，保持させる．腹筋，背筋による支持のみならず，腹圧を高めるようにも意識する，⓱肩関節の内転を意識させた基本的な大胸筋などの筋力トレーニングに加えて，上肢筋力を発揮するための体幹との連動を含めた「脇締め」のトレーニングなど

2．投球障害肩へのアスレティックリハビリテーション

STEP 1

問 1

1．解剖　位相，2．烏口肩峰，3．最大外旋，4．前方　伸張　圧縮，5．棘下，6．内転　水平外転（伸展），7．内転　自動，8．遠心　内旋，9．Load and shift，10．内旋，11．前方　外旋

STEP 2

問 1

肩関節外側部（肩峰下）の痛み
後期コッキング期などの肩関節外転時に，腱板の機能低下などにより上腕骨頭を取り込む機能が低下することで上腕骨頭と烏口肩峰アーチの間で生じる
肩関節前部の痛み
後期コッキング期から加速期にかけて，肩関節外旋や水平外転運動に伴い上腕骨頭が前方へ偏位する力を受け，同時に伸張ストレスが加わることにより生じやすい
肩関節後部の痛み
肩関節最大外旋位までは，肩関節水平外転や外旋運動に伴う上腕骨頭の前方偏位により関節後方部分に圧縮ストレスが生じ，フォロースルー期では後部の軟部組織に伸張ストレスが加わり，痛みにつながりやすい

問 2

リスク管理
症状の改善や関節機能の回復がみられても投球動作が改善しなければ再発することが多い．投球再開後は翌日に予測しえない変化が生じやすいため確認が必要となる
機能評価
肩関節自体の機能評価としては，姿勢・アライメント，関節可動域，筋力，関節不安定性などについて行う．その他に，股関節，膝関節，足関節などの下肢関節も投球動作に関係するため必要に応じて行う

問 3

下肢関節の機能低下が投球動作に及ぼす影響
股関節の可動域制限などは骨盤回旋運動を妨げ，膝関節伸展筋力の低下は体重移動を妨げることが多い．足関節の内反不安定性や足部機能の低下はステップ脚や軸脚の安定性の低下につながりやすい
投球フォーム指導時のポイント
・ワインドアップ期での片脚立位姿勢　・テイクバックでの投球腕の位置　・ステップ脚への荷重　・加速期での肘の位置　・リリースポイント，など

問 4

抵抗の位置・種類・方向などへの配慮をする．またエクササイズ中の動作を観察して，肩甲骨などによる代償運動がないか，正確な運動方向で行っているかなどを確認する

問 5

肩甲骨と肩甲上腕関節の連動を考慮する．例えば大胸筋のストレッチを行う際，肩甲上腕関節の水平外転運動や外旋運動を強調しすぎるのではなく，肩甲骨内転運動とともに行うことで効率よく大胸筋を伸張することができる

STEP 4

| 問 1

❶フォロースルー期でステップ脚に体重が乗り切らず，減速動作を肩関節に依存して行った．その結果，特に肩関節後部に位置する棘下筋にストレスが加わったなど，❷・股関節の内転・内旋可動域制限　・膝関節伸展筋力の低下　・足関節や足部の安定性の低下　・その他，❸圧痛，❹外旋，❺内旋，❻肩甲骨，❼前後，❽内転　内旋　屈曲など，❾・疼痛が確認された場合は，再確認のために医療機関受診させ，医師の指示を仰ぐ　・機能低下がみられた場合，その対応策としてエクササイズなどを指導する，❿内旋，⓫骨盤，⓬内転，⓭内旋，⓮片脚立位，⓯ワインドアップ期に安静立位姿勢が安定せず，早期コッキング期以降，ステップ脚に体重がしっかり乗らず，特にフォロースルー期では骨盤の回旋運動も制限されてしまい，結果として肩関節の運動，特に内旋運動を強めた減速動作となったと考えられるなど，⓰問題点の一例　・足関節不安定性　・外反母趾　内反小趾　・頭部や体幹のアライメントの不良　・ステップ脚の股関節の可動域制限，など　対応策の一例　・各種のエクササイズ　・ストレッチ　・足底板やテーピングなどの補助具，など

3. 外傷性肘 MCL 損傷へのアスレティックリハビリテーション

STEP 1

| 問 1

1. 外傷　非外傷，2. 前方，3. carrying angle，4. 二関節（多関節でもよい）

STEP 2

| 問 1

転倒などのアクシデントによって外反が強制されて生じる外傷性の損傷と，投球動作などによる繰り返しの外反強制による非外傷性の損傷に大別される．靱帯の損傷程度によって症状の程度は異なるが，肘内側の痛み，腫脹，皮下出血などを呈し，肘外反不安定性が問題となる．関節可動域制限，筋力低下などを伴うことも多い

| 問 2

身体機能や技術レベルを把握して，相手が動くスピードや方向を考慮する必要がある．また，肘を肩甲骨面よりも前に保った位置で固定することも重要になる

4. 上腕骨内側・外側上顆炎，非外傷性肘内側側副靱帯損傷

STEP 1

| 問 1

1. 道具，2. 短橈側手根，3. 手指　手関節，4. 初期

STEP 2

| 問 1

上腕骨内側上顆炎

テニスのフォアハンドストロークやゴルフでは前腕回内屈曲筋群の起始部である上腕骨内側上顆に疼痛が生じる

上腕骨外側上顆炎

テニスのバックハンドストロークでインパクトの衝撃に対してラケットを保持するために前腕回外伸筋群の筋起始部に働く伸張力によって上腕骨外側上顆に疼痛が生じる

非外傷性肘内側側副靱帯損傷

「肘が下がった」「肘を突き出した」「体が開いた」投球動作が原因で後期コッキング期から加速期にかけて肘関節に外反ストレスが加わり，肘関節内側に疼痛が生じる

| 問 2

ストレッチテスト

他動的に手関節を掌屈することにより，肘関節回外伸筋群が伸張されて疼痛が誘発される

手関節背屈テスト

手関節を背屈させ抵抗を加えると上腕骨外側上顆に疼痛が誘発される

中指伸展テスト

抵抗を加えながら中指を伸展させると第３中手骨基部背側に付着している短橈側手根伸筋が収縮することで疼痛が誘発される

肘回外テスト

抵抗を加えながら前腕を回外させると上腕骨外側上顆に疼痛が誘発される

| 問 3

下肢

内反足状態で片脚起立不安定化，股関節内転制限で片脚時非投球側への体幹傾斜，ならびに投球方向への移動を阻害，股関節伸展制限で片脚起立時後方中心の荷重，それに伴い投球方向への移動動作阻害

体幹・肩甲胸郭関節

姿勢性，あるいは運動域の制限による肩甲胸郭関節の機能障害により上部体幹と下部体幹での運動分離困難

上肢

疲労性の可動域制限 (手指・肩・肘)

その他

疲労性の筋出力低下 (上肢・下肢・体幹) による破綻

5. 手関節捻挫

STEP 1

| 問 1

1. 背側亜脱臼　尺側手根屈，2. 背屈，3. 骨癒合　偽，4. grip end，5. 中央，6. TFCC　橈骨手根

STEP 2

| 問 1

病態

遠位橈尺関節における尺骨の背側亜脱臼が特徴的であり，主訴は尺側の疼痛である．関節可動域制限や握力低下，遠位橈尺関節の不安定性などの機能低下を生じ，パフォーマンスの低下を招く

疼痛誘発テスト

ulnocarpal stress test が代表的な疼痛誘発テストである．手関節を尺側・背屈強制し，TFCC に圧縮ストレスなどを加えることで疼痛を誘発する

| 問 2

代表的な受傷機転

・舟状骨骨折：コンタクトスポーツにおける転倒や体操競技などで手関節背屈強制された場合などに生じる

・有鉤骨骨折：バットやラケット，ゴルフクラブなどを用いたスイング動作に生じやすい

圧痛点

・舟状骨骨折：解剖学的嗅ぎタバコ入れ (anatomical snuff box) や舟状骨結節

・有鉤骨骨折：手掌面の有鉤骨鉤突起

F 外傷ごとのリスク管理に基づいたリハビリテーションプログラミングと実践 ―下肢―

1. 足関節捻挫へのアスレティックリハビリテーション

STEP 1

| 問 1

1. 外側　前距腓，2. 外反　内側，3. 前距腓　踵腓　後距腓，4. 内反　外反　底屈　背屈，5. knee-out & toe-in　knee-in & toe-out，6. 安静　安静　背屈，7. 背屈　下腿前傾角度，8. 圧痛　運動方向　関節不安定性

| 問 2

1. RICE　循環　渦流浴，2. 自動　足趾自動，3. knee-out & toe-in　knee-in & toe-out　膝関節，4. ピボットターン　内反　母趾球，5. サイド　クロスオーバー　サイド　クロスオーバー

STEP 2

| 問 1

knee-in & toe-out を強めた場合

・鵞足炎　・シンスプリント　・足底腱膜炎　・外反母趾　・外側半月板損傷　・膝ＭＣＬ損傷

knee-out & toe-in を強めた場合

・腸脛靱帯炎　・内側半月板損傷　・足関節内反捻挫　・内反小趾

| 問 2

リハビリテーションの内容項目

・非荷重位での足趾・足関節周囲の筋力トレーニング　・患部外のトレーニングによる心肺機能の回復・向上　・荷重制限が必要な場合には自転車エルゴメーターによる心肺機能の回復・向上　・全荷重可能な時期には，カーフレイズやスクワットによる筋力トレーニングと適切な構えの姿勢の獲得

患部保護対策

・テーピングによる足関節内外反の制動や固定　・装具やサポーターによる足関節内外反の制動や固定　・全荷重可能な時期には，再発予防のためのテーピングや足底板，装具の適応

| 問 3

Knee　Bent　Walking

特徴

・膝屈曲位歩行　・通常歩行より下肢筋活動が高い　・通常歩行より床反力が小さい　・身体重心が低く，上下変動が少ない

| 問 4

テスト法

・内反不安定性テスト　・前方引き出しテスト

注意点

・痛みや不安感があるかどうかも合わせて確認する　・足関節・足部の筋肉がリラックスしている状態で行う　・距骨の位置が，自然立位や下腿下垂位で距骨の位置のずれの有無を確認する　・反対側（健側）と比較して，程度差を判定する　・背屈可動域をあらかじめ確認しておく

| 問 5

機能障害

・足関節の背屈可動域制限

二次的な外傷

・膝屈曲角度増大に伴う膝蓋大腿関節症

・股屈曲角度増大に伴う骨盤前傾と腰椎前弯の増大による腰痛症　・足部機能低下による扁平足障害　・扁平足障害による膝 MCL 損傷　・扁平足障害による鵞足炎　・扁平足障害によるシンスプリント

STEP 4

| 問 1

❶正確な受傷部位の確認が必要であるから，❷炎症症状の抑制に対してアイシングを行う．腫脹の防止や腫脹の対処に U 字パッドなどを利用し圧迫を行う．疼痛の原因を確認するため，医療機関での受診を促す，❸・内反ストレステスト　・前方引き出しテスト，❹医療機関に受診を促し，医師の診断・指示を仰ぐ．問題がなければ筋力強化やテーピング，足底板などで対処する，❺非荷重位で膝関節屈曲位および伸展位で自動および他動運動でも確認する．また荷重位で下腿前傾角度を確認する．必ず左右差も確認しておく，❻底背屈の運動軸よりも後方に位置する軟部組織の短縮や，前方の軟部組織の腫脹や肥厚による前方部でのインピンジメントなど，❼カーフレイズやスクワットなどの筋力トレーニングの際に腓骨筋や後脛骨筋などを触診し，十分機能しているかどうかを確認する．同時に足部アーチの形状や足趾の状態を確認し，代償動作が生じていないかどうかを確認する，❽ランニング動作はゆっくりとしたスピードから開始する．十分な時間ランニングが可能になった段階で加速走を行わせ，ダッシュにつなげる．また 8 の字走などの曲線のランニングは，円弧の大きい動作から始め徐々に小さくしていく．右足が受傷部位であることを考慮し右回りの曲線走から始める，❾関節の可動域が低下していないか確認し，筋の短縮が影響している場合にはストレッチングをする．また，患部のアイシングをする．テーピングを行っていれば，皮膚の状態や運動後のテーピングの緩み具合も確認しておく

| 問 2

❶ツイスティング，❷サイドステップ，❸クロスステップ，❶❷❸理由：母趾球の荷重が安定しており，回旋ストレスを十分に回避することが可能と考え，重心移動がサイドステップより少ないツイスティングから開始した，❹開始肢位は股・膝関節軽度屈曲位とし，母趾球荷重する．股関節の回旋を十分に意識し，足趾と膝蓋骨の方向を一致させ，左右の下肢が平行に動くように行う，❺・小趾球荷重による knee-out & toe-in　・股関節内旋可動性の低下による knee-out & toe-in，など，❻・小趾球荷重に対しては，腓骨筋群の機能の確認と背屈位での足部・足関節の安定性の確認　・股関節の内旋可動性の低下に対しては，可動域の確認と外旋筋力の機能の確認，❼・左方向から開始する　理由：左方向へのサイドステップでは軸足の蹴りだし時に身体重心による足部外反誘導によって内反方向へのストレスを回避しやすい．一方，右方向へのサイドステップでは，ステップ足が患側となり着地時の内反方向へのストレスの増大が危惧される，❽・右方向へのクロスステップでは，小趾球荷重や右股関節の内旋可動性の低下による knee-out & toe-in　・左方向へのクロスステップでは，ステップ足の前足部からの接地による足部・足関節の不安定性の増大，など，❾内反方向への過度のストレスを軽減させるために，過度に母趾球荷重を行うことで knee-in & toe-out の逆アライメントによる傷害が危惧される

2. 膝内側側副靱帯損傷へのアスレティックリハビリテーション

STEP 1

| 問 1

1. コンタクト　外反　接触（コンタクト），2.（内側）半月（板），3. RICE，4. 外反　外旋，5. 外反ストレス（外反不安定性），6. 保存，7. 1　2，8. 腫脹　熱感　発赤，9. 外反　外旋，10. サイド　クロスオーバー　サイド　クロスオーバー　クロスオーバー

| 問 2

外反　屈曲　伸展　屈曲　伸展

| 問 3

2 週　2　2～3 ヵ月

STEP 2

| 問 1

①両脚スクワット，②片脚一歩前でのスクワット，③フォワードランジ，④ KBW，⑤ランニング

| 問 2

MCL は関節外靱帯であり，十分な血液供給があるので治癒能力に優れているため

STEP 4

| 問 1

❶疼痛，❷熱感，❸発赤，❹腫脹，❺炎症徴候があれば，超音波を実施したり，パッドを用いて腫脹部を圧迫する．熱感があれば，アイシングを実施する，❻外反ストレス（外反不安定性），❼膝外反，下腿外旋といった MCL に負担のかかる肢位をとらないようにする，❽大腿四頭筋，❾ハムストリングス，❿大腿四頭筋セッティング，逆 SLR，ゴムチューブを用いたレッグカール，レッグエクステンション，固定式自転車，レッグプレスなど，⓫両脚スクワットから片脚一歩前のスクワット，フォワードランジ，KBW へと段階的に進めていく，⓬・膝関節外反制動には内側 X サポートテープと縦サポートテープ　・下腿外旋制動には内側スパイラルテープ，⓭・炎症所見のチェック　・疼痛の有無　・関節不安定性テスト　・ROM テスト，など

3. 膝前十字靱帯損傷へのアスレティックリハビリテーション

STEP 1

| 問 1

1. 接触（コンタクト）　非接触（ノンコンタクト）　接触（コンタクト）　非接触（ノンコンタクト），2. 膝蓋跳動　膝くずれ（giving way），3. 前方引き出し　ラックマン　N　前方引き出し　ラックマン　N，4. 膝蓋腱　半腱様筋・薄筋腱　半腱様筋・薄筋腱，5. 前方　前外側　大腿四頭，6. 45　近　近　3，7. 内側広　ハムストリングス　内側広，8. 前傾　大腿四頭　前傾，9. 外反　前方，10. 股　大腿四頭　片脚スクワット，11. 80　0.8

| 問 2

①大腿四頭筋セッティング　②ヒップリフト　③固定式自転車　④ランジ　⑤スクワットジャンプ

STEP 2

| 問 1

・前方引き出しテスト　・ラックマンテスト　・N テスト　・Pivot sift test　のうち 3 つ

| 問 2

大腿四頭筋の収縮により脛骨が前方移動し ACL や移植腱に張力を生じるため．実施する場合は，膝 45° より屈曲位で break test で行い，抵抗位置は下腿近位部とする

| 問 3

①の下腿前傾と股関節屈曲を深くしたスクワットではハムストリングスが，②の殿部を後方へ落とすようなスクワットでは大腿四頭筋が優位に収縮する．膝 ACL 損傷や再建術後は大腿四頭筋が優位に収縮する後者のスクワットは望ましくない

STEP 4

| 問 1

❶腫脹，❷熱感，❸発赤，❹疼痛，❺膝蓋跳動，❻・医療機関でのメディカルリハビリテーションに戻す　・ランニングは中止し，ランニング許可される前のリハビリテーションに戻す，❼・前方引き出しテスト　・ラックマンテスト　・N-テスト　・膝関節内外反ストレステスト，❽医療機関を受診させ，医師の指示を仰ぐ　❾・正常歩行でも，knee-in & toe-out や knee-out & toe-in を強めるようなアライメント異常はないか？　・KBW は正しくできるか？　・膝伸展筋力は，等尺性（膝屈曲 60° 位）筋力で体重比にして 60% 以上あるか？　・大腿内側広筋（VM）の収縮は十分か？，❿・膝関節外反制動には内側 X サポートテープと縦サポートテープ　・膝伸展時の下腿前方制動には内側・外側スパイラルテープ，⓫・ランニング：軽いジョギング程度の直線走から開始し，痛みや不安感を考慮しつつ，速度と距離を段階的に上げていく　・ツイスティング：足先と膝の向きを一致させて，母趾球荷重で股関節の回旋によりピボットする　・横へのステップ：片脚スクワットで knee-in が軽減し，KBW が安定していることを確認して実施する　・ストップ動作：急激なストップでなく，数歩で徐々に減速しながら止

まる練習をする，⑫・関節の可動域が低下していないか確認して運動した筋肉のストレッチングをする　・患部局所のアイシングをする

4. 大腿屈筋群肉ばなれへのアスレティックリハビリテーション

STEP 1
| 問 1
1. 疾走　ダッシュ，2. 柔軟性　筋力　ウォーミングアップ　ランニング
| 問 2
1. ストレッチング　筋力トレーニング　患部外トレーニング，2. 屈曲　屈曲　伸展　背屈，3. アイソメトリック　アイソキネティック　コンセントリック　エクセントリック，4. 心肺機能　患部　バイク
| 問 3
1. 直線　ストライド　ピッチ，2. 50　ジグザグ　後方
| 問 4
1. 重心　ピックアップ　屈曲　屈曲，
2. 外側　前傾
| 問 5
1. 80～90　0.6　2. 疼痛　医師

STEP 2
| 問 1
症状
・疼痛　・腫脹　・熱　・機能障害　・発赤
画像診断
・超音波診断　・MRI 画像診断　・損傷部位
・損傷程度（重症度）
処置方法
・固定期間　・安静期間　・回復の目安
・ストレッチング開始時期　・筋力トレーニング開始時期　・荷重歩行開始時期　・ジョギング開始時期
| 問 2
関節可動域（ROM）測定
・股関節の屈曲　・股関節の外転　・膝関節の伸展
周囲径計測
・大腿近位部　・大腿遠位部　・大腿最大部
・下腿最大部
徒手筋力テスト（MMT）
・股関節の屈曲，伸展，内旋，外旋，内転，外転　・膝関節の屈曲，伸展
| 問 3
ジャンプテスト
・両足垂直とびテスト　・両足立ち幅とびテスト　・片足垂直とびテスト（健側）　・片足立ち幅とびテスト（健側）　・片足垂直とびテスト（患側）　・片足立ち幅とびテスト（患側）
走能力テスト
・ダッシュタイムトライアル　・中間疾走タイムトライアル　・シャトルランタイムトライアル　・ジグザグランタイムトライアル
全身持久力テスト
・最大酸素摂取量　・無酸素性作業閾値
| 問 4
・ランニングにおける接地のタイミング
・キック後の下腿の巻き込み方法　・接地時の足底の部位や足先の方向　・ランニング時の体幹の位置　・ステップ，ターン時の脚の使い方

5. 扁平足障害（過回内足障害）へのアスレティックリハビリテーション

STEP 1
| 問 1
1. トラス　下降　上昇，2. ウィンドラス，3. 屈曲　伸展　外反，4. 母趾球　外反　内旋　外反　内転　内旋　支持脚

STEP 2
| 問 1
・外反母趾　・外反母趾種子骨障害　・舟状骨疲労骨折　・足底腱膜炎　・脛骨過労性骨障害（シンスプリント）　・鵞足炎　・膝内側部の疼痛　・膝内側側副靱帯の損傷　・腰痛　・膝蓋腱の疼痛　・膝蓋大腿関節の疼痛

6. 脛骨過労性骨障害へのアスレティックリハビリテーション

STEP 1
| 問 1
1. 遠位，2. 身長　体重，3. 疼痛　疼痛　疼痛，4. アイシング　熱感　アイシング　筋肉

STEP 2
| 問 1
・荷重時と踏み返し時の足部・足関節の運動と疼痛の有無　・荷重時の足部アーチの下降　・荷重時の足部の過度の回内　・荷重時の過度の母趾球荷重　・荷重時の過度の後足部外反　・下腿部の内旋　・膝関節の過度の外反　・股関節の過度の内旋・内転
| 問 2
・下腿や足趾の筋肉に負担がかかり，それによって疼痛が誘発されるような足部や足関節の運動　・ジョギングなどの下肢への荷重時に足部と足関節による衝撃吸収が不十分となり疼痛部位に負担がかかる運動　・運動が軽微な負荷であっても，長時間反復したり持続したりする運動や練習

7. 鵞足炎へのアスレティックリハビリテーション

STEP 1
| 問 1
1. 縫工筋　半腱様筋　薄筋，2. 外反　外旋，3. 伸展　疼痛，4. スクワッティング　knee-in & toe-out　外旋　外反，5. knee-in　外転筋　外旋筋

8. 膝蓋大腿関節障害へのアスレティックリハビリテーション

STEP 1
| 問 1
1. 屈曲　大腿四頭筋　増加　60　90，2. RICE　大腿四頭筋，3. 外側広筋　内側広筋　外側，4. 圧迫　圧迫　0.5

STEP 2
| 問 1
・大腿骨，膝蓋骨の骨の形態異常　・膝蓋骨高位　・外反膝　・大腿骨頸部の前捻　・下腿の外旋　・距骨下関節の回内　・全身関節弛緩性　・膝蓋骨支持機構の破綻　・膝蓋骨の可動性　・大腿四頭筋のアンバランス
| 問 2
テスト法
grinding test
説明：膝関節伸展位で膝蓋骨を大腿骨に対して押しつけ，内外側に他動的に動かすテスト
テスト法
Zohelen test
説明：膝関節伸展位で膝蓋骨を検者の手で遠位に押し，その状態で大腿四頭筋を収縮させるテスト
テスト法
apprehension test
説明：膝関節伸展位で膝蓋骨を外方に押し，不安感や脱臼感をみるテスト

G 競技種目特性に基づいたリハビリテーションプログラミング

1. アスレティックリハビリテーションにおける競技種目特性

STEP 1
| 問 1
1. 構え，2. 両脚荷重（支持）　両脚遊脚，3. 外反　内旋　回内，4. 静的アライメント（スタティックアライメント）　動的アライメント（ダイナミックアライメント），5. knee-in & toe-out　knee-out & toe-in，6. アクセラレーション　前面　外反，7. 尺
| 問 2
1. 競技復帰　各競技の特性，2. 主動筋　運動様式　エネルギー出力様式，3. 二関節筋，4. 伸展力，5. 筋力　持久力，6. 静的筋力　動的筋力　パワー，7. 筋持久力　全身持久力，8. ATP-CP 系　乳酸系　有酸素系，9. 高い　有酸素，10. 速度　反比例，11. ハムストリングス，12. 短縮性　伸張性　大きい，13. 単発的パワー　反復的パワー，14. 垂直とび　メディシンボール投げ，15. 0.1～0.2 秒，16. 間欠的運動，17. 早期（競技）復帰，18. 浮力，19. リスク管理，20. 基本動作

STEP 2
| 問 1
・振り向き動作では反対足に生じやすい
・サイドステップでは後ろ足などに生じやすい　・ジャンプ着地時に，大腿四頭筋の筋力低下を代償する動き
| 問 2
ツイスティングを用いて，つま先を膝の方向を合わせる．また，スパイクをはいている場合は，小さな腿上げによる左右の足の細かな踏み替え動作が有効である
| 問 3
・種目特有の体力要素（体力的特性）　・種目特有の動作（動作特性）　・ゴール設定（競

技復帰の判断）・患部外トレーニング（全身的な体力維持や体力低下に対するトレーニング）・早期競技復帰（競技力に関連のある体力の維持向上）

| 問4

サッカー，バスケットボール，ラグビーなどの競技で必要になるのは，ボールや相手などの目的地まですばやくダッシュする疾走力と，それらの短時間の高強度運動を何度も繰り替えし行うことのできる間欠的運動の持久力である．一方，長距離走選手が有する持久力は，12 分間走のように比較的低強度の運動を長時間持続させるものである

2. 競技種目における動作特性と体力特性

STEP 2

| 問1

身体要因

筋力不足（ハムストリングスと周囲筋），筋力バランスの不良（H/Q 比），筋の柔軟性不足，ウォーミングアップ不足，フォーム（上体，骨盤の前傾が強い）など

その他の要因

低気温，シューズ，スパイクのグリップが強い，サーフェイスが硬く，グリップが強い，強い向かい風，ゴール前の競り合いなど

| 問2

患部の安静を保つことが重要であり，日常生活では，患部を下にして寝ないようにしたり，三角巾で固定するなどする．アイシングや超音波も効果的である

| 問3

コンタクトありの場合

・サッカー選手がさまざまな動作中に軸足だけで立っているときにスライディングなどを受けたとき　・ジャンプ中の相手との競り合いからバランスを崩して着地したとき　・着地時に相手の足などに乗ってしまったとき　・シュートブロック時，など

コンタクトなしの場合

・1 対 1 で相手を抜き去るために急激なフェイント，ターンやストップ動作の際にスパイクが芝に引っかかったとき　・ピッチの凹凸などに足をとられたとき　・ボールキック時に直接地面を蹴ってしまったとき

| 問4

ジャンプ着地やストップ動作の際に人の足の上に乗り，足関節の内返しが強制されることで発生することが多く，進行方向に対し足先が内側を向いた状態（toe-in）でのランニングやストップ動作や方向転換動作などで生じることもある

| 問5

Squatting test：knee-in & toe-out，natural，knee-out & toe-in 姿勢でスクワットを行い痛みの有無を確認する．ランジ動作を踏み出す足を踵から接地するように指示し行わせる．痛みの有無を確認し，痛みがなければ助走からの踏み込み動作，ジャンプ動作へ移行する

| 問6

・膝蓋腱炎：大腿四頭筋の緊張が多角間接的に膝伸展機構の質蓋腱に加わる張力が増した
・膝蓋骨亜脱臼障害：該当側の大腿四頭筋の萎縮，ダイナミックアライメントの修正による膝蓋骨の運動の修正など

| 問7

投射角度，距離，強さ，投球数，対象（ネット，人），頻度などを検討する．最初はテニスボールでのネット投げなどから，野球のボール，10～20 m のキャッチボール，塁間でのキャッチボールへと進めていく．疼痛なく投げられるかどうかがポイントである

| 問8

膝内側側副靱帯損傷

カッティングなどで荷重側の下肢外側からタックルを受けた場合や，密集で外側から他者に乗られた場合に膝外反や下腿外旋を強制される．特に膝伸展位では内側側副靱帯の緊張が高く重症度が高くなる

肩関節脱臼・亜脱臼

タックルをする際にいわゆる「腕がとられた」状態となり上肢の水平伸展が強制されて発生する．また肩の水平伸展に肩外旋が強制されても肩の前方脱臼が発生する

腰痛

スクラム時に前方と後方から体幹部に強い圧力が加わる．また押し合い中に相手との駆け引きにより無理な身体操作を強いられ，脊柱に圧縮・伸展・側屈・回旋が加わる．これらにより腰椎の前弯が増強する

| 問9

相手に投げられ受身がとれずに肩から落下したときや，背中から落ちまいと手をついた場合に発生する

| 問10

WBI

体重支持指数では 130 をスポーツ障害予防レベルとし，100 は競技スポーツレベル，90 はジャンプ開始レベル，70 はランニング開始レベル，60 はジョギングレベルとして，運動開始の判断にする

握力

把持による静止支持開始の基準を自体重の 50%以上とし，復帰後の目標を自体重の 80%とする

| 問11

①外反・外旋位

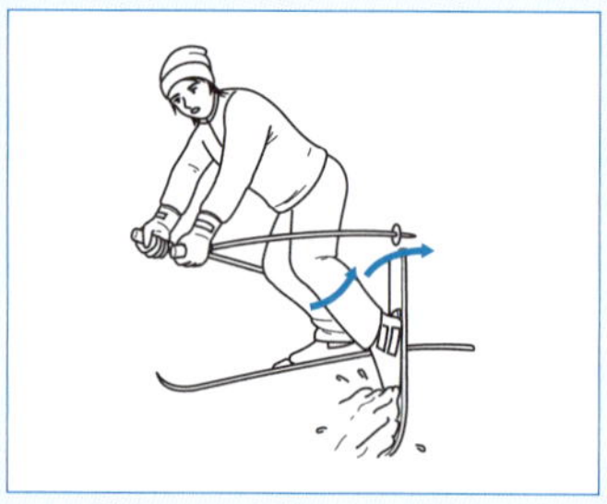

② boots-induced-anterior-drawer（ブーツ誘発型前方引き出し）

③屈曲・内旋（ファントムフット・メカニズム）

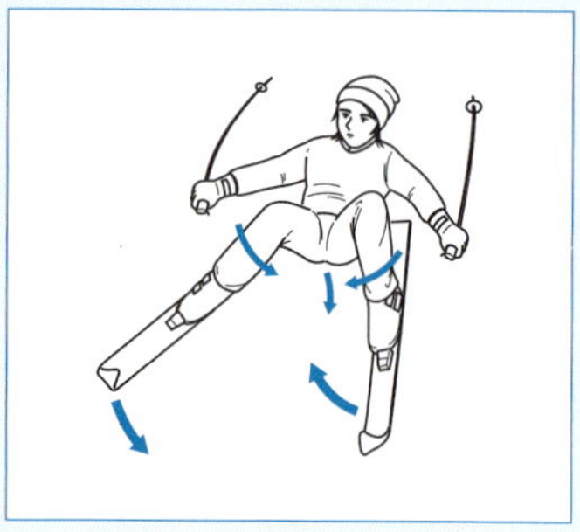

| 問12

スピードスケートでは，過度な体幹の屈曲姿勢を保持しながら前方を凝視し滑走する．滑走は時計と逆周りの一方向性である．またショートトラックでは曲率半径の小さいカーブを回る．ロングトラックの直線滑走では体軸に対して体格的な螺旋運動が行われる

STEP 4

| 問1

❶・炎症を抑制するように対処をする　・炎症徴候の原因などを明らかにするため，医療機関への受診を促す，❷ HQ 比（ハムストリングス／大腿四頭筋）ハムストリングス：大腿四頭筋＝6：10），❸膝関節の角度を変える，❹母指球保持によりランニングに近い荷重感覚を得る，❺台上やボールの上に足を載せる，❻股関節伸展の意識も持ちながら行う，❼膝を前に出さず，股関節の屈伸を利用する，❽はさみ動作時の前方脚股関節伸展筋力と後方脚の股関節屈曲力を評価する，❾・一段階前の問題のないプログラムに時間をかけて取り組む　・トレーニング量のボリュームや種類の偏りがないか確認し，問題があればトレーニング内容を改善する　・選手へのアドバイスはあせらずじっくり取り組むよう指示する，❿・上と前方へのジャンプ　・足関節と膝関節の高い動的安定性　・踏み切り　・着地，⓫・関節の可動域が低下していないか確認して運動した筋肉のストレッチングをする　・患部局所のアイシングをする

| 問2

❶水泳活動に支障をきたすほどの痛み，❷キャッチ，❸・腫脹があれば，超音波を実施する　・熱感があれば，アイシングをする　・日常生活においては，患部を下にして寝ない，三角巾で固定するなどの対処をする，❹棘上，❺棘下，❻上腕二頭筋長頭，❼・Neer impingement test　・Hawkins impingement test，など，❽・speed test　・Yagason test　・肘屈曲テスト，など，❾・肩関節後方関節包に対するストレッチ，特に 3rd ポジションにおける内旋ストレッチ　・肩関節外転エクササイズを近位抵抗にて行う　・シャドウスイムを行いフォームを確認する，❿・疼痛の有無　・炎症所見の有無　・圧痛の有無　・インピンジメント所見の有無　・筋抵抗テスト　・関節可動域の著明な低下の有無

| 問3

❶・内反ストレステスト　・前方引き

出しテスト，❷腓骨筋群，❸・炎症症状がある→必要に応じて医療機関へ　・関節可動域制限がある場合→ROM訓練，ストレッチング　・関節不安定がある場合→筋力とROMの回復に合わせた足関節の協調性トレーニング　・筋力不足の場合→チューブなどを使用した筋力強化，❹・不安感があればテーピング，フォームに問題があればフォーム修正　・特にknee-out & toe-inに気をつける　・スピードをゆっくりから速く，ターンの角度やジャンプの高さを小さくから大きくへと，段階的に取り組む　・選手へのアドバイスはあせらずじっくり取り組むよう指示する，❺・相手のシュートブロック　・ボールキック時に地面をけってしまう　・ボールコントロール時に相手にコンタクトを受ける，❻・激しいストップ，ターンを不十分な休息で不規則に繰り返すことのできる，間欠的持久力　・10km以上走れる有酸素持久力，❼・炎症症状，可動域，筋力低下などがないかの確認　・患部局所のアイシング

問4

❶医療機関受診，❷膝蓋骨高位，❸・大腿四頭筋　・尻上がりテスト，❹・膝蓋骨の正常な可動性の確保　・大腿四頭筋のストレッチング，❺特に膝伸展のMMTでbreak testでも十分な筋力発揮ができるまでトレーニングを継続する，❻squatting test，❼競技者がknee-inをセルフコントロールできない場合は，足底板などを用いて内側縦アーチの下降を防ぐ，❽踏み込み，❾ジャンプ，❿・軸足の接地を前足部で行っている　・下腿前傾の不足　・荷重時の足趾屈曲，⓫ハ→ロ→イ

検印省略

公認アスレティックトレーナー専門科目テキスト ワークブック
アスレティックリハビリテーション
定価（本体 2,400円＋税）

2011年1月27日　第1版　第1刷発行
2022年4月24日　　同　　第8刷発行

監修者　公益財団法人日本スポーツ協会
　　　　指導者育成専門委員会
　　　　アスレティックトレーナー部会
編集者　小林　寛和（こばやし ひろかず）
発行者　浅井　麻紀
発行所　株式会社 文光堂
　　　　〒113-0033　東京都文京区本郷7-2-7
　　　　TEL（03）3813-5478（営業）
　　　　　　（03）3813-5411（編集）

印刷・製本：広研印刷

ISBN978-4-8306-5174-8

Printed in Japan